名师工程

《基础教育课程》丛书

教育部基础教育课程教材发展中心

《基础教育课程》杂志社组编

基于核心素养的高中英语教学

总 主 编　付宜红

本册主编　刘沁忆

西南大学出版社

国家一级出版社 全国百佳图书出版单位

图书在版编目（CIP）数据

基于核心素养的高中英语教学 / 刘沁忆主编. — 重庆：西南大学出版社，2023.7
ISBN 978-7-5697-1205-6

Ⅰ. ①基… Ⅱ. ①刘… Ⅲ. ①英语课－教学研究－高中 Ⅳ. ①G633.412

中国国家版本馆 CIP 数据核字（2023）第 038892 号

基于核心素养的高中英语教学
JIYU HEXIN SUYANG DE GAOZHONG YINGYU JIAOXUE
刘沁忆　主编

责任编辑： 雷　兮
责任校对： 牛振宇
出版发行： 西南大学出版社（原西南师范大学出版社）
地址：重庆市北碚区天生路 2 号
邮编：400715　市场营销部电话：023-68868624
网址：http：//www.xdcbs.com
经　　销： 新华书店
印　　刷： 重庆升光电力印务有限公司
幅面尺寸： 170mm × 240mm
印　　张： 12.25
字　　数： 250 千字
版　　次： 2023 年 7 月　第 1 版
印　　次： 2023 年 7 月　第 1 次印刷
书　　号： ISBN 978-7-5697-1205-6

定　　价： 62.00 元

Foreword 序

本丛书是由教育部基础教育课程教材发展中心《基础教育课程》杂志社策划编辑的系列教师读本。丛书中提炼的主题以及精选的文章聚焦当前教育重点、热点话题，体现了《基础教育课程》杂志的办刊理念，浓缩了《基础教育课程》杂志近年来的出刊精华，汇聚了全国一流专家学者、特级教师，以及教育行政、教研人员的科研成果与实践智慧。

课程是国家意志的体现，基础教育课程承载着国家对人才培养的目标、期盼与路径设计。2004 年，由教育部主管、教育部基础教育课程教材发展中心主办的《基础教育课程》杂志创刊，国务院前副总理李岚清同志亲笔题写刊名。当时的杂志从教育部为各课程改革实验区编发的《基础教育课程改革通讯》改编而来。十几年来，杂志秉承“专业引领、服务实践”的办刊理念，以全面贯彻新时期党和国家教育方针，坚守素质教育阵地，弘扬课程改革主旋律，落实立德树人根本任务为宗旨，聚焦基础教育课程改革的推进，记录、跟踪基础教育课程改革发展历程，权威发布并深度解读国家基础教育改革及课程教材建设相关政策文件，提炼报道地方及学校改革经验和动态，宣传推广基础教育课程教材、教学教研及评价领域最新成果。如今，《基础教育课程》杂志已成为国内一流的课程教学专业期刊，是国家课程教材专业研究机构——课程教材研究所指定期刊，全国中文核心期刊，中国人民大学复印报刊资料重要转载来源，为中国核心期刊（遴选）数据库、中国学术期刊网络出版总库全文收录。

近年来，《基础教育课程》杂志聚焦教育部主责主业，依托国家教材委员会，教育部基础教育课程教材专家咨询委员会，国家课程方案、各学科课程标准以及中高考命题改革等权威专家力量，在学生核心素养发展、国家课程方案、课程标准、新教材解读以及教学研究、考试评价制度改革、深度学习教学改进、高中育人模式变革等方面做了系列重点报道，已成为地方、学校执行国家课程方案，探索育人模式变革，落实立德树人根本任务的高端交流与展示平台。为使期刊近年来策划组织的相关重大选题和文章发挥更大的辐射作用，在西南大学出版社的支持下，我们策划编撰了此丛书。

此丛书共有两个系列，分别是“基于核心素养的新时代课程建设系列”和“基于核心素养的教学改进系列”。“基于核心素养的新时代课程建设系列”包含《新时代的劳动教育》《新时代的校本课程建设》《新时代的主题教育课程》和《新时代的教研工作》四个分册。“基于核心素养的教学改进系列”涵盖《基于核心素养教学改进的落地导引》《基于核心素养的大单元和大概念教学》《基于核心素养的深度学习》《基于核心素养的项目式学习》《基于核心素养的跨学科学习》《基于核心素养的任务驱动与问题解决式学习》及《基于核心素养、着眼未来的学习》等热点教学策略。此外，“基于核心素养的教学改进系列”还聚焦普通高中新课程标准（2017 年版 2020 年修订）和新高考，涉及语文、数学、英语、思想政治、历史、地理、物理、化学、生物学 9 个学科的新课标、新教材及其对应的新教学策略与教学设计和考试评价等内容。

有别于名家、名师的个人专著，本丛书具有作者众多，研究视角多样，案例丰富、典型，特别是导向前瞻，既有理论指导性又有实践可操作性等鲜明特点，希望能为广大教师在落实立德树人根本任务，构建“五育”并举的学校课程体系，开展基于核心素养的教学以及探索新中高考改革的路上提供切实的引导与帮助！

《基础教育课程》杂志社主编　付宜红

Preface 前言

普通高中英语课程是一门学习及运用英语语言的课程，与义务教育阶段的课程相衔接，强调对学生语言能力、文化意识、思维品质和学习能力的综合培养，旨在为学生继续学习英语和终身发展打下良好基础，具有工具性与人文性融合统一的特点。普通高中英语课程通过必修课程为所有高中学生搭建英语学科核心素养的共同基础。必修课程的内容与要求面向全体学生，具有基础性特点。同时，普通高中英语课程遵循多样性和选择性原则，根据高中学生的心理特征、认知水平、学习特点以及未来发展的不同需求，开设了丰富的选修课程，以满足学生个性发展的需求。2017 年年底，教育部印发《普通高中英语课程标准（2017 年版）》，并于 2020 年 5 月进行了修订，再次颁布了《普通高中英语课程标准（2017 年版 2020 年修订）》（以下统一简称“新课程标准”），普通高中英语课程教学步入了一个崭新的时代。

基于核心素养的英语课程改革，促使英语教师对传统课堂教学展开新一轮审视。新课程标准调整了必修课程、选择性必修课程和选修课程的比重；树立了中国情怀、国际视野、跨文化沟通能力的育人取向；提出了培养善于学习与反思、勇于探索与建构、积极合作与交流等思维品质和实践能力的要求；研制了与学科育人本质和育人功能相吻合的学科核心素养，并以学科核心素养为纲确定了课程内容和学业质量标准；提出了指向学科核心素养发展的英语学习活动观；加强了教学与评价建议的指导性和可操作性。

普通高中英语课程标准提出四大英语学科核心素养，分别是：语言能力、文化意识、思维品质和学习能力。在英语学科核心素养的四个要素中，语言能力构成英语学科核心素养的基础要素；文化意识体现英语学科核心素养的价值取向；思维品质体现英语学科核心素养发展的心智特征；学习能力构成英语学科核心素养发展的重要条件和保障。为促使学科核心素养的落实，新课程标准倡导课程内容从分割走向整合，提出了由主题语境、语篇类型、语言知识、文化知识、语言技能、学习策略等六要素构成的英语课程内容。

在新课程标准的统领下，专家团队启动了普通高中英语教材的修订工作。截至2021年，共有人教版、外研社版、北师大版、译林版、冀教版和重大版6个版本的普通高中英语教材已通过审定并投入使用。新教材的编写遵循新课程标准确立的基本理念和目标要求，以落实立德树人根本任务、发展学生英语核心素养为宗旨，重视语言材料的选择，积极传播中国声音，坚定树立中国文化自信，并形成了各版本教材的编排体系以及相应的特色和风格，彰显英语学科特有的育人价值与功能。

新课程和新教材呼唤新的教学与评价方式。如何在课堂上培育学生的英语学科核心素养？英语学科核心素养又该如何评价与测量？学业质量标准与考试评价的关系是什么？2019年，《国务院办公厅关于新时代推进普通高中育人方式改革的指导意见》明确提出要深化考试命题改革，从优化考试内容、创新试题形式、加强命题能力建设几个方面着力。2020年初，教育部考试中心发布《中国高考评价体系》，通过构建“一核四层四翼”，回答了高考“为什么考”“考什么”和“怎么考”的问题。普通高中英语课程的考评应以课程目标、课程内容和学业质量标准为基本依据，以英语学科核心素养的达成作为评价的基本要素，体现英语学习活动观的理念和各维度的表现，试题命制时须着重考查学生在具体社会情境中运用英语理解和表达意义的能力，特别是听、说、读、看、写的能力。

为落实好当前新课标、新教材、新教学、新评价以及对英语教师的新要求，《基础教育课程》杂志自新课程标准颁布以来，走访课改名家，征集一线优秀英语学科教研员、特级教师等的科研与教学成果，刊发介绍了大量的针对普通高中英语新课程改革研究与实践的文章。本书遴选其中精华部分，精心编排，奉献给读者。全书共分三个部分：

第一部分“新课程标准亮点特色与新教材介绍”，主要介绍2017年版英语课程标准的修订思路与亮点，以及各版本普通高中英语教材的编写背景、内容与特点等，系统梳理普通高中英语课程的相关概念和基本原理。可以说，本章是全书的基础和方向。

第二部分“指向英语核心素养的课堂教学”，既有在英语新课程背景下基于英语学习活动观的教学实践探索，又关注新课程背景下英语思维品质的培养，还包含了指向核心素养的英语教学策略研究和在英语课堂上读写结合，培育学生综合素养的探索。本章收录的文章出自全国各地的专家、教研员、优秀教师之手，从不同的角度为英语学科核心素养的实施贡献智慧。只有将观念和理论转化为实施策略，核心素养才能真正落地。因此，本章是全书的重心和落脚点。

第三部分“英语核心素养怎么考”，主要精选了2018年以来英语学科的高考试题解析。本章选文通过对英语学科命题改进的研究和对考题的剖析，希望呈现新高考如何与新课程对接，实现从知识、能力立意到学科核心素养立意的转变。

本书的编排力求做到从理论到实践，从课程到教学再到评价，全方面呈现普通高中英语课程的新发展，深入浅出、层层递进，既有理论内涵的介绍与剖析，又有实践应用的策略与方法，期待能够为促进广大教师的教学实践、推动普通高中英语课程发展提供借鉴。

Contents 目录

第一章　新课程标准亮点特色与新教材介绍

第二章　指向英语核心素养的课堂教学

第一章

新课程标准亮点特色与新教材介绍

在核心素养视域下绘制英语课程改革新蓝图

——2017年版高中英语课程标准的修订思路与亮点解读

梅德明①

一、普通高中英语课程改革实施以来取得的成就与亟待解决的问题

2003年颁布的课程标准实验稿受到广泛欢迎，课堂教学发生了积极可喜的变化，教师普遍提高了学科意识和教学水准，学生作为课改的最大受益者，他们的英语综合运用能力有了切实的提高。

总体上看，实验稿关注了学生英语知识与运用能力的发展，提出了情感态度与价值观目标，既重视教学结果，更强调过程和体验。但是在实施过程中，普通高中英语教育仍然存在着以应试为主要目的的语言知识和技能学习现象，重视考试成绩，追求升学率，教学设计呈一定的碎片化倾向，语言实践活动不够，信息技术资源利用不足，校本课程开发机制有待健全。

特别是当今普通高中英语教育面临新的挑战。随着经济全球化的深入发展，信息网络技术的突飞猛进，各种观念交锋、文化交流、思想交融、信息交互更加频繁，国际竞争日趋激烈。在移动互联网、大数据、人工智能环境中成长起来的青少年，他们的思想意识、价值追求、个性特点更趋多样化。

① 梅德明，上海外国语大学教授。

时代的变化和社会的发展需要进一步提高国民的综合素质和参与构建人类命运共同体所需要的胜任力。这些成就、问题与挑战是我们修订《普通高中英语课程标准》的重要参考。

二、本次修订的重点与目标

修订组在广泛听取意见、深入分析比较的基础上，将修订工作聚焦于九个方面进行改进与创新，即明确面向大众教育的普通高中定位；调整必修课程、选择性必修课程和选修课程的比重；树立中国情怀、国际视野、跨文化沟通能力的育人取向和文化自信；提出培养善于学习与反思、勇于探索与建构、积极合作与交流等思维品质和实践能力的要求；研制与学科育人本质和育人功能相吻合的学科核心素养；研制以学科核心素养为纲的课程内容和学业质量标准；研制基于学科核心素养的评价体系；提出指向学科核心素养发展的英语学习活动观；加强教学与评价建议的指导性和可操作性。

新修订的标准力求使普通高中英语课程体现新时代党和国家对基础教育人才培养的基本要求，体现普通高中英语教育的国际发展趋势，体现融知识与技能、过程与方法、情感态度与价值观于一体的核心素养发展导向，体现高中阶段学生全面而有个性发展的需求，体现普通高中英语课程内容的时代性、基础性、选择性和关联性原则的融合，体现指向学科核心素养发展的学业质量和考试评价的要求，体现可操作性强的可用管用的教学及评价建议，整体上具有中国特色、达到国际一流水平。

三、新标准中英语课程对学生终身发展的独特贡献的体现

根据立德树人和将社会主义核心价值观融入基础教育的要求，根据社会对人才的要求以及对外语能力的特殊需求，根据学生的心智成长规律和外语学习规律，修订组明确了普通高中英语课程的特有性质以及英语教育对社会发展和学生终身发展的独特贡献，明确了英语学科应该培养什么人，如何培养人，为谁培养人等问题。通过研究和提炼，修订组提出了普通高中英语课程的具体目标是培养和发展学生在接受普通高中英语教育后应具备的学科核心素养，并描述了学生在完成必修课程和选择性必修课程时，各要素应该达到的相应水平的表现。新标准明确提出，英语学科核心素养是学生在接受相应学段英语课程教育的过程中，逐步形成和提升的适应终身发展和社会发展需要的正确的价值观念、必备品格和关键能力，由语言能力、文化意识、思维品质和学习能力这四大要素构成。就其关系而言，语言能力是基础要素，文化意识是价值取向，思维品质是心智特征，学习能力是发展条件，四要素

相互渗透，融合互动，协调发展，共同服务于课程总目标。

通过这四大核心素养，普通高中英语课程力求帮助学生学习和运用好英语这门国际通用语，在真实的生活情境和跨文化交流中获取科学文化知识和相关信息，拓宽国际视野，树立跨文化意识和人类命运共同体意识，领悟世界文化的丰富性和多样性以及民心相通的重要性；通过分析、审视、鉴别多元文化现象所反映的价值取向，引导学生感悟、汲取优秀文明成果，描述、比较、阐释、评价中外文化，坚定文化自信，形成正确的价值观、健康的审美情趣和道德情感；同时，引导他们学会用所学英语讲述中国故事、传播中外优秀文化、参与跨文化交流与合作，使他们成长为具有中国情怀、国际视野和跨文化沟通能力的社会主义建设者和接班人。

四、英语学科核心素养在课程结构和内容中的落实

为落实核心素养，我们首先调整了课程结构，建构了由必修、选择性必修和选修三类课程相结合的课程结构，满足高中学生多元发展的需求。坚持普通高中英语教育基础性和选择性的统一，明确必修课程内容为高中毕业要求，选择性必修课程为高考要求，选修课程为高校自主招生或其他要求。以国家普通高中课程方案为依据，以学科核心素养为纲，构建适合高中学生多元发展的英语课程体系，体现时代性、基础性、选择性和关联性原则，促进学生全面而有个性的发展，为他们适应未来社会生活、接受高等教育和职业发展做准备。

其次，优化了课程内容，有机融合内容体系与育人任务，在发展英语语言能力的过程中，拓宽国际视野，增强家国情怀、社会责任感和分析判断能力，形成有效的英语学习策略；减负增效，减少了必修课程容量，调整了对高中毕业的学业要求，扩大了选修课程的内容范围，以满足学生个性发展需要；提出了指向学科核心素养发展，以主题为引领，主题语境、语篇类型、语言知识、文化知识、语言技能和学习策略诸要素整合的课程内容，由一系列相互关联的、具有实践性和综合性的活动串联，力求解决长期存在的碎片化知识教学现象和课堂效率不高等突出问题。

再次，提出了指向英语学科核心素养有效形成的“英语学习活动观”，通过改变教学模式和优化学习方式，实现课程内容的结构化和情境化，提高教与学的效率。这种活动观符合外语学习的综合性、关联性、实践性等特点。基于语篇所提供的主题情境，由信息获取与理解、梳理与加工、整合与内化、表达与交流、迁移与创新构成一系列融语言、思维、文化于一体的学习活动，

架起了课程内容和课程目标之间的桥梁，在活动中落实课程内容，通过活动实现核心素养目标和课程总目标。

五、新课标下教师的关注重点

第一，要转变以学科知识和技能为目标的教学观念，深刻理解学科育人的重大意义，积极探索基于学科内容、依托学科活动的育人有效途径。

第二，教师要重视课程结构和学分要求的变化，探讨如何通过6学分的必修课程，切实为全体学生奠定英语学习的共同基础，并通过选择性必修课程和选修课程为学生提供多样化、多层次的课程选择，推进个性化学习，满足学生未来发展的多元需求。

第三，努力改变碎片化的教学方式，采用以主题意义为引领、六要素整合的教学方式，努力实践英语学习活动观，通过学习理解、应用实践和迁移创新等融合语言、文化、思维的教学，使语言学习的过程成为学生发展语言能力、形成文化意识、提升思维品质、提高学习能力的过程。

第四，教师要积极探索教、学、评一体化的教学设计与实践，重视提高有限单位时间内学生的学习成效，依据课程内容和学业质量要求开展教学与评价活动，通过形成性评价积极促进学生的学习。

第五，教师要主动并积极尝试利用现代信息技术，为开拓英语学习的渠道和丰富英语学习的资源创造条件。

2019 年版普通高中英语（北师大版）教材的修订依据、主要变化与特色

王　蔷[1]　王　琦[2]

教材是落实课程目标、实现学科育人的重要资源和载体，对落实立德树人根本任务、培养学生的学科核心素养具有重大意义。2019 年版普通高中英语（北师大版）教材（以下简称“新教材”）修订组在《普通高中课程方案（2017 年版）》（以下简称“《课程方案》”）和《普通高中英语课程标准（2017 年版）》（以下简称“《课标》”）的指导下，立足当前英语教育现状和未来发展新要求，以立德树人为宗旨，以培育学生英语学科核心素养为目标，吸收国内外英语教学的先进理念，在继承与发展此前实验教材原有优势的基础上，从结构到内容、从活动设计到评价方式、从版式呈现到资源建设，对教材进行了全面优化。

一、修订依据

1. 以立德树人为首要依据，推动学科育人

立德树人是教育的根本任务，也是本套教材修订的首要依据。本次修订将立德树人作为出发点和落脚点，力求使新教材成为教师教书育人的重要资源，引导广大教师在“教”与“学”的过程中，推动学科育人，落实立德树人根本任务。

2. 以《课程方案》为依据，准确定位高中英语课程

新教材以《课程方案》为依据，重新规划必修、选择性必修和选修课程的课程内容与教学安排，在必修课程为学生打好学习和发展的共同基础的前提下，通过选择性必修和选修课程，拓展学习内容的深度和广度，满足学生不同的学习兴趣、学习潜能的发展及升学需求。

---

① 王蔷，北京师范大学外国语言文学学院教授、博士生导师，外语教育与教师教育研究所所长，《普通高中英语课程标准》修订组组长，北师大版高中英语教材主编。

② 王琦，北京师范大学出版社基础教育一分社主编，副编审，北师大版高中英语教材副主编，北师大版初中英语教材八年级上、下册主编。

3. 以《课标》为依据，精选课程内容

新教材以《课标》为依据，以发展学生英语学科核心素养为目标，以主题语境、语篇类型、语言知识、文化知识、语言技能和学习策略六要素为依托，整合课程内容，并通过优化课程内容和教学方式，精选教材主题语境和语篇内容，关注其背后的价值导向，为学生奠定具有人文底蕴和科学精神的良好文化基础，促使他们形成学会学习的自主学习能力，培养体现责任担当和实践创新能力的社会责任感。

4. 以英语学习活动观为依据，将学习活动融入教学全过程

《课标》提出，英语学习活动观是落实学生英语学科核心素养的重要途径。以此为依据，修订组重视融合六要素的课程内容，通过学习理解、应用实践、迁移创新等层层递进的学习活动，引导教师把学生主动参与的学习活动融入教学全过程，促进学生的知识获得、能力转化和素养生成，将培养学科核心素养落到实处。

二、新教材的主要变化

1. 新教材在对应课程及教学要求方面的变化

根据《课标》要求，新教材分为必修、选择性必修、选修（提高类）三类。其中，必修3册，目的是为所有学生构建英语学科核心素养的共同基础，学生完成后应达到“学业质量水平一”的要求；选择性必修课程与必修课程衔接，共4册，学生完成后应能达到“学业质量水平二”的要求；选修（提高类）课程与选择性必修课程相衔接，共3册，完成后应达到“学业质量水平三”的要求。对比实验教材，新教材在对应的课程及具体要求等方面发生了很大变化（表1）。

表1　新教材与实验教材对应的课程及教学要求

	教材对应课程	学分要求	水平要求	课程要求
新教材	必修1~3册	6学分	学业质量水平一	高中毕业
	选择性必修1~4册	0~8学分	学业质量水平二	高考要求
	选修1~3册	0~6学分	学业质量水平三	提高要求
实验教材	1~5模块（必修）	10学分	七级	高中毕业
	6~8模块（选修Ⅰ）	0~6学分	八级	高考要求
	9~11模块（选修Ⅱ）	0~6学分	九级	提高要求

可以看出，新教材在名称、学分、水平要求等方面都发生了相应的变化。特别是为所有高中生奠定未来发展的共同基础的必修课程，课程要求的学分减少至6个，教材也因此从原来5个模块的容量减少为3册内容（相当于3个模块）的容量，由此，内容和难度都有所减少和降低。但对选择性必修课程的要求，即针对高考的要求，增加了2个学分，因此，选择性必修教材的容量和难度有所加大，以满足高校对人才选拔的要求。

2. 新教材实现了对单册结构的优化

新教材基本保留了实验教材的框架结构，但是对个别板块进行了优化，变化主要体现在具体的选材和活动设计的内涵上。必修和选择性必修教材的基本结构框架如图1所示。

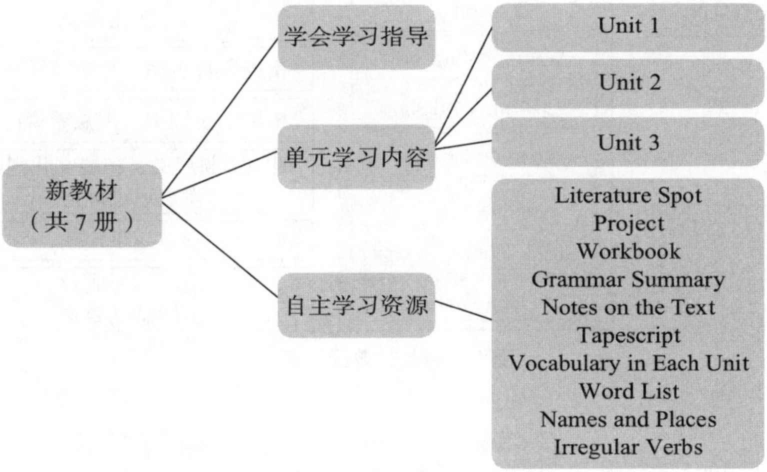

图1　必修和选择性必修教材的基本结构框架

在框架结构上，新教材与实验教材相比，补充了“学会学习指导”的内容，单元主题体现了《课标》提出的人与自我、人与社会、人与自然三大主题，在每个单元的选材方面，特别注重与单元主题紧密关联。各册新教材的开篇都是关于学会学习的指导，学习方式也发生了较大变化，主要是通过视频和活动设计帮助学生为学习该册教材做好准备。例如，在开始必修第一册的学习前，引导学生探讨学习英语的有效方法；选择性必修第一册引导学生关注不同文体语篇的交际目的、结构特征和语言特点。教材中还有关于如何学好发音、如何写好作文、如何进行演讲、如何避免抄袭等内容的学习指导。

3. 新教材在单元结构上的变化

新教材的每个单元都围绕一个主题展开，并依托不同类型的语篇从不同角度对主题进行探究，融合对听、说、读、看、写等各种语言技能的学习，有机融入核心语言知识。虽然实验教材的每个单元也是围绕一个主题展开，但是语篇类型不够丰富，对主题意义的探究过程不够突出，融合性的学习活动设计也体现得不够充分。新教材对于写作的教学设计更加关注写作过程的指导，更具有可操作性。另外，新教材补充了视听资源和泛读语篇。新教材与实验教材的单元基本结构框架如图 2、图 3 所示。

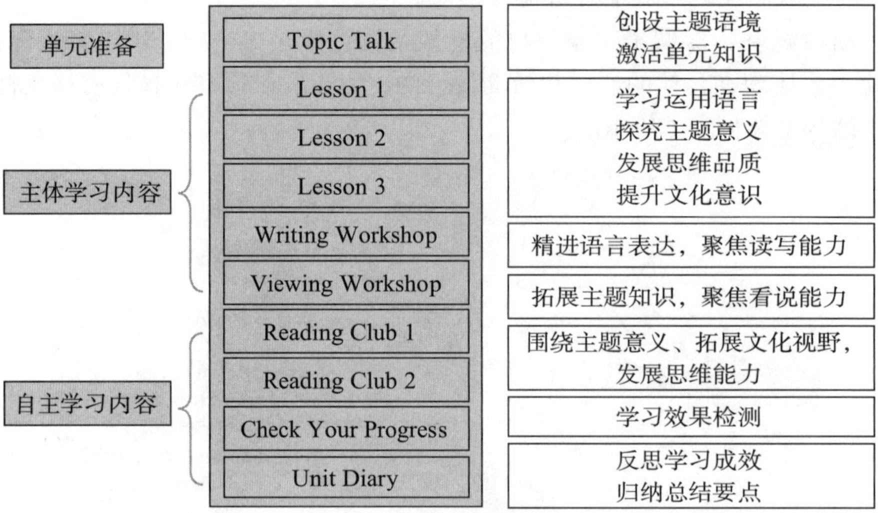

图 2　新教材单元结构图

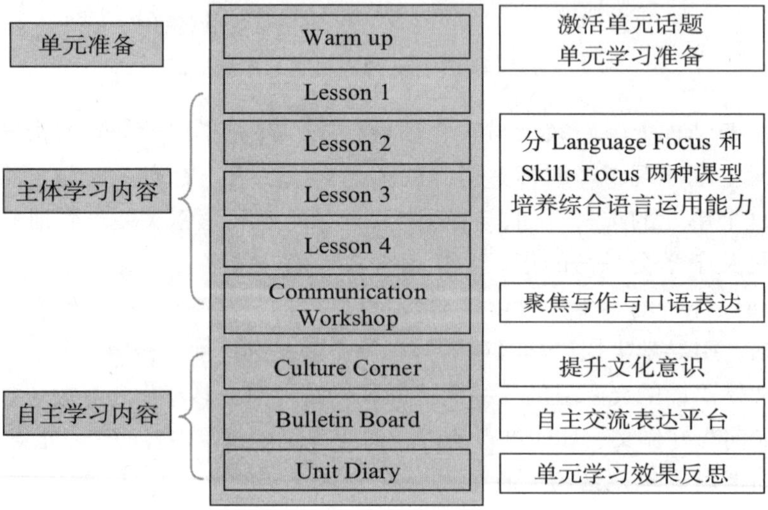

图 3　实验教材单元结构图

4. 新教材在版式上的主要变化

实验教材采用双栏设计，版面信息量大，但是字体偏小，内容比较密集。新教材改用单栏设计，字体大小适合学生阅读，版面设计图文并茂、美观大方，有利于激发学生的学习兴趣和求知欲。

5. 新教材在内容上的主要变化

新教材突出体现了《课标》提出的六要素整合的课程内容，对主题进行了精心的规划，补充了围绕人与自我、人与社会、人与自然三大主题以及相关子主题的丰富内容，凸显育人为先的理念，同时围绕主题配置了多种类型的语篇。

新教材的语言知识全面覆盖《课标》要求，在呈现方式上，将语音、词汇、语法、语篇和语用知识的学习渗透在探究主题意义的教学活动中，努力引导学生整合性地学习语言知识，帮助学生逐步学会运用语言知识和听、说、读、看、写等语言技能和学习策略，理解语篇所传递的文化内涵，通过文化比较及多层次的集语言、文化、思维发展于一体的活动，帮助学生表达个人的观点、情感和态度。新教材的语言技能训练主要围绕阅读语篇、听力语篇、写作语篇、视频语篇等多种类型的语篇学习活动展开，既有不同技能的侧重，又体现多项技能的有机融合，以实现技能间的相互促进与和谐发展。

学习策略是构成学习能力的基础，也是实验教材的优势。修订组通过补充和精选，将对学习策略的训练以更丰富和具有实操性的方式，通过显性和隐性两种形式体现在新教材中。显性形式包括 Word Builder、Sentence Builder、Text Builder、Skill Builder、Writing Help，以及 Peer Editing Sheet 和 Unit Diary 等板块的设计；隐性形式则有机渗透在教学活动中，体现对学生自主、合作和探究精神的培养。

6. 新教材在教学活动设计上的变化——实践英语学习活动观

新教材在单元和各课的板块设计中，凸显以主题为引领、以语篇为依托，引导师生开展不断生成、建构的英语学习活动。每个单元由 Topic Talk 开始，导入主题，激活学生关于单元主题的已有知识，从主题、内容、语言和知识等方面为后续各课的学习做好铺垫。

单元主题导入后，进入以阅读和听力语篇为依托的三个子主题的学习。活动基于对主题意义的探究展开，通过读、听、看、写、说等技能融合的活动，对语篇意义进行挖掘和探究，从学习理解、应用实践再到迁移创新，最后以口语或书面语的形式，围绕主题意义分享观点或提出解决问题的方案，达到提升学生语言能力、思维品质、文化意识和学习能力的目的。

新教材在写作板块做了全面优化，主要采用了基于不同体裁形式的过程性写作模式，强调范文的作用，遵循从读到写的教学范式，辅以一系列读写结合的活动，指导学生学会写作。首先是明确主题意义下的写作题材和写作体裁，然后初步构思写作内容；继而学习范文的文体特点、语篇结构、连贯与衔接等语篇知识；最后，列提纲、写初稿，并在自评与互评的基础上形成终稿。

根据《课标》要求，本次教材修订增加了视频学习的内容。视频的选取围绕单元主题展开，语料和语境真实生动，内容体现了较强的知识性和教育性。学生通过观看视频获取信息、建构语言，形成与主题相关的知识结构，再通过一定的内化和运用等活动，实现知识向能力的转化。最后，学生结合所学，联系个人经历，表达观点、情感和态度等。

单元学习后，学生通过完成与单元主题相对应的任务和项目活动，整合和提升语言能力、文化意识、思维品质和学习能力，检测和巩固单元学习效果，评判自己能否运用单元所学解决问题，从而确保学科核心素养的落地。最后，学生进行单元学习反思，记录学习成果。

三、新教材新在哪儿?

1. 突出主题和语篇的思想性，落实学科育人的要求

新教材关注语言与认知、语言与文化、语言与思维的平衡发展，努力帮助学生基于主题和语篇，学习和建构新知识。新课程背景下，语篇不再只是浅层次的语言和意义的传递，而是推动学生在语言学习中丰富人文和科学知识，促进认知和思维发展，培养其鉴赏真、善、美的能力。

2. 选材丰富多样，语言鲜活真实

新教材的语篇题材基本覆盖了《课标》中的所有话题，在体裁上实现了多样化，既能满足学生日常使用英语的需求，也能为他们未来的学习奠定基础。为确保语言的鲜活真实，多数语篇或选自原版材料，或由国外作者改写或创作；涉及中国文化的语篇主要由中方编写团队提供素材或初稿，外方作者对语言进行润色和优化而成。

3. 力求语言、思维与文化一体化设计，推动深度学习

新教材采用单元整体设计和主题引领的思路，引领教师教学方式的变革和学生学习方式的优化。各单元的学习活动都围绕主题语境展开，学生在从

单元话题的预热到多种语篇类型的学习过程中，不断深化对主题的认知，并基于对每一个语篇的深入学习发展语言能力，不断建构新的、基于该主题的知识结构；通过听、说、读、看、写等方式，多渠道学习主题知识，开展主题探究，将不完整、不系统的主题知识和概念，逐步整合为体现出较强逻辑思维的新的知识结构，并以多种活动形式实现内化、建立关联，形成相对流畅、完整的语言表达，从而提出逻辑性强、具有批判创新意识的观点。

4. 体现开放的设计理念，重视培养学生的自主学习能力

英语课程包含的资源是丰富多样的。新教材体现了开放课程的理念，采用课内课外相结合的方式，有机融入对学生学习能力的培养，通过显性策略训练和隐性策略渗透，指向体现自主、合作、探究的学习能力培养，为发展学生的自主学习能力提供平台和资源。新教材中还包含了多种弹性内容和自主学习资源，每个单元都围绕主题补充了泛读材料，每册教材都有一篇可供欣赏性阅读的文学作品，并设置了课文注释、听力文本材料、语法笔记等板块，鼓励学生根据需要选择使用。在教学活动设计上，教材给教师和学生安排了很多开放性空间。

5. 凸显教材对教师教学的指导性，提升教材的可操作性

教材是将课标理念转化为可操作的课堂实践的桥梁，只有好用、实用，才能成为教师培养学生学科核心素养的抓手。新教材基于《课标》的理念和要求，遵循语言学习的规律，从学生认知发展的需求出发，突出活动设计的可操作性，为教师提供了可学习、可借鉴、可操作的教学实践活动，使教师教学有抓手、有扶手、有帮手，帮助教师克服新教材使用初期的慌乱和焦虑；同时，也留有足够的教学创新空间，使教师能够借助教材有效实践指向学科核心素养的英语学习活动观。

6. 立足民族文化传承，用英语讲好中国故事

学生学习英语不仅是为了了解西方文化，更重要的是从西方文化的视角来传承和传播中国文化，用英语讲好中国故事。在整套教材的设计中，我们始终关注中国文化的讲述，力求精选、精编能够体现中华优秀文化及科技发展、良好的社会风气和国际影响力等方面的内容，帮助学生形成文化自信，为他们成为中华优秀文化的传播者奠定基础。

7. 利用信息技术和互联网技术辅助教材编写，支持教师用好教材

教材在修订过程中依托现代语料库技术，控制语篇难度，确保《课标》

词汇的复现，也使词表的编排更为科学、系统。在活动设计中有意识地引导学生通过网络搜索和整理资料，渗透信息技术在英语学习中的应用。同时，新教材的配套资源建设在完善现有网络平台的基础上，增加了多种数字化渠道的专家讲座、经验分享、课例研究等资源，帮助教师提升专业素养；通过构建教学资源平台为教师教学提供丰富的教学图片、相关视频、幻灯片、教学设计及微课等资源，提供词汇学习等相关的移动应用程序和教学管理功能，构建全方位的教学支持与服务系统。

2019年版普通高中英语（译林版）教材体例与编写特色

王守仁[①]　何　锋[②]

为落实立德树人根本任务，发展学生英语学科核心素养，译林出版社与牛津大学出版社、江苏省中小学教学研究室合作，依据《普通高中英语课程标准（2017年版）》（以下简称“《课标》”）对高中《英语》教材进行了修订。2019年版普通高中英语（译林版）教材（以下简称“译林版《英语》教材”）以习近平新时代中国特色社会主义思想为指导，坚持正确的政治方向和价值导向，全面落实课程目标、内容标准和学业质量要求，遵循外语教育教学规律，是一套符合英语学科特点的高质量、有特色的新时代教材。

一、教材整体框架结构和单元板块设置

1. 整体框架结构

译林版《英语》教材根据《普通高中课程方案（2017年版）》和《课标》要求，分为必修、选择性必修和选修（提高类）三个部分，共十册。四个单元的学习内容构成每册教材的主体；练习册是对教材主体的巩固、补充与拓展；教材附录则通过语篇注释、语法讲解、词汇表和不规则动词表四部分内容对教材主体进行注解或提供支撑，方便师生使用教材。

2. 单元板块设置

教材每个单元都是14页，共设八个板块。各板块功能定位明确、有机关联，围绕同一单元主题语境，通过多模态形式的语篇呈现语言知识和文化知识，帮助学生发展语言技能，运用学习策略，发展思维能力，提高学用能力，促进英语学科核心素养的形成和发展。各板块设计理念如表1所示。

---

① 王守仁，南京大学人文社会科学资深教授、博士生导师，《普通高中英语课程标准》修订组专家，译林出版社《普通高中教科书·英语》主编。

② 何锋，江苏省教育科学研究院英语教研员，译林出版社《普通高中教科书·英语》主编。

表 1　译林版《英语》教材各板块设计理念

板块	设计理念
Welcome to the Unit	借助视频、歌曲、图示、文字等多模态语篇激发学生学习兴趣，帮助学生初步了解单元主题，为单元学习做好热身准备
Reading	• 语篇话题丰富，文体多样，让学生接触真实、地道、得体、优美的英语，了解社会生活的方方面面，感悟语篇中渗透的价值观念和情感态度 • 设置 Understanding the Text 和 Building Your Language 两部分阅读活动。前者通过概括主旨大意、获取细节信息、推断作者态度及写作意图、分析写作手法、评判文章内容及价值观等活动，帮助学生形成语篇意识，提升思维能力；后者聚焦语言知识，帮助学生在情境中巩固词汇，利用策略拓展词汇，通过仿写掌握实用写作技巧
Grammar and Usage	• 分为 Exploring the Rules 和 Applying the Rules 两部分，引导学生在语篇中观察、探究语法现象，自主归纳核心语法规则并在新语境和活动中正确使用语法，实现“形式—意义—使用”三者的统一 • 附录中增设 Grammar Notes，对单元语法进行系统的中文讲解，帮助学生更好地理解和运用语法，是 Grammar and Usage 板块的有效补充与拓展
Integrated Skills	以活动为导向，融合听、说、读、看、写的技能训练：在运用听、读、看等理解性技能的基础上，向说、写等表达性技能过渡，完成半开放性的活动，形成个性化的产出
Extended Reading	• 与 Reading 板块在话题、文体等方面互为补充，引导学生进一步围绕主题语境进行拓展阅读，理解和鉴赏中外优秀文化，开阔视野 • 设置概要写作、观点表达等活动，提升语言能力和思维能力
Project	鼓励学生和小组成员一起，通过合作学习和探究学习共同完成一项综合性、实践性活动，走出课堂，实现知识和能力的迁移创新
Assessment	按照必修、选择性必修和选修（提高类）三个阶段，分别采用列表、开放性问题和学习日记的形式，让学生通过自评或互评来评价学习表现，反思并调整学习行为，提升学习能力，以评促学。其中，语言知识的评价与练习册 Exploring Language 板块有机衔接，使评价成为学习的一种方式
Further Study	推荐图书、电影、网络平台等丰富的线上、线下学习资源，供学有余力的学生在课后进行自主学习和深度探究学习，提升学习能力

二、教材编写特色

1. 思想性——坚持正确的政治方向，凸显英语学科育人价值

教材以德育为魂，高度重视思想性和学科育人功能，将立德树人根本任务落到实处。有机融入社会主义核心价值观，帮助学生形成正确的价值观念和情感态度，立足培养“具有中国情怀、国际视野和跨文化沟通能力的社会主义建设者和接班人”。

（1）坚持立德树人，培养正确的价值观念。教材选篇积极励志，有助于学生树立正确的世界观、人生观和价值观。例如，选择性必修第四册第一单元“Honesty and Responsibility”围绕诚信和担当这两大重要品格展开，引导学生成长为诚实守信、敢于担当的人。

（2）培育中国情怀，坚定文化自信。为讲好中国故事、培育中国情怀、坚定文化自信，教材精选与中华优秀传统文化、革命文化和社会主义先进文化相关的内容，如孔子、李白、屠呦呦、黄大年等中国人物，《红楼梦》《清明上河图》《梁祝》等中国文学艺术作品，《生查子·元夕》等古诗词英译文本，《黄河钢琴协奏曲》等革命文化代表作品，丝绸之路等具有符号意义的中国文化代表，高铁等中国现当代取得的成就。

（3）拓宽国际视野，树立人类命运共同体意识。教材关注英、美等主要英语国家以及其他非英语国家的文化，帮助学生拓宽国际视野，尊重和包容文化的多样性。此外，教材还呈现了环境问题、资源短缺等全球化时代人类面临的共同挑战及应对措施，引导学生树立人类命运共同体意识，立志为人类和平与发展贡献智慧和力量。例如，选择性必修第三册第四单元由丝绸之路引出对“丝绸之路经济带”的探讨，鼓励学生思考丝绸之路沿线国家之间的经济合作和文化交流。

2. 整体性——整体设计教材，确保教材体系科学完整

编写组以课程内容六要素（即主题语境、语篇类型、语言知识、文化知识、语言技能和学习策略）和英语学科核心素养四个维度（即语言能力、文化意识、思维品质和学习能力）为指引，进行周密的顶层设计，制订主题、策略 / 技能、语篇类型、语法项目等列表，搭建教材框架之后再将相关内容均衡而有梯度地分布到各册教材、各个单元、各个板块中，使教材形成一个有机的整体，确保教材体系的科学性与完整性。

（1）全套教材的整体性。必修、选择性必修和选修（提高类）三个阶段的教材按照《课标》要求在课程内容的广度和深度上逐步递进，构建分层分类的课程体系，满足学生的多元发展需求。必修教材面向所有高中生，严控难度和容量，精选学生终身发展必备的基础知识和基本技能，构建共同基础。选择性必修教材面向有升学需求的高中生，适度加大难度与容量，引导学生基于不同发展需求进行个性化学习。选修（提高类）教材则面向学有余力或报考外语类院校以及具有特殊发展需求的学生，进一步拓展了课程内容的广度和深度。

（2）各册教材的整体性。每册教材设置一个主题，围绕该主题安排四个

学习单元。每个单元以话题为引领，各单元学习内容具有内在的逻辑性和关联性，以利于学生深入探究主题意义，深化对语言知识和文化知识的理解，创造性地表达个人观点和态度，提升英语学习效果。例如，选择性必修第二册的主题是 Modern life，四个单元分别聚焦大众传媒、体育赛事、医学进展和科技突破，有助于学生更全面地了解现当代世界。

（3）单元内部的整体性。基于不同板块的功能定位，每个单元围绕同一主题语境，在多元视角的语篇中复现语言现象，在不同层次的活动中引导学生逐步深入探究主题意义，进行深度学习。例如，必修第一册第二单元"Let's Talk Teens"，围绕父母与子女关系这条主线，各板块的语篇和活动从宏观、微观、正面、反面等不同角度切入，串联起整个单元的学习内容。

3. 融合性——实践英语学习活动观，协调发展英语学科核心素养

教材以主题语境为引领，以语篇为依托，设计了一系列融语言、文化、思维于一体，由学习理解、应用实践、迁移创新逐层深入的英语学习活动。在开展这些英语学习活动的过程中，语言能力、文化意识、思维品质和学习能力相互渗透，做到融合互动、协调发展。

（1）语言能力：学生在进行英语学习活动时，需要综合运用不同语言技能，使语言能力真正得到发展。例如，Integrated Skills 板块要求学生使用通过理解性技能（听、读、看）获得的信息，进行口语交际和书面表达，实现多项技能的融合。阅读语篇后还配有一定比例的概要写作、续写和仿写活动，读和写有机结合。

（2）文化意识：围绕同一单元主题，教材在不同板块呈现中外多元文化知识，引导学生在中外文化比较的情境下开展语言学习，发展文化意识，构建多元文化视角。例如，必修第一册第四单元引导学生在学习关于"外表"的英语习语后思考相关中文习语，理解不同表达方式背后的文化内涵。

（3）思维品质：学生通过观察与比较、分析与推断、归纳与建构、批判与创新等思维活动获取信息、处理信息、输出信息，训练逻辑性思维、批判性思维和创新性思维。例如，必修第三册第三单元鼓励学生设计一则呼吁人们放下手机，用心学习、生活和工作的公益广告。

（4）学习能力：学生使用认知、元认知、交际、情感策略，选择自主学习、合作学习、探究学习等学习方式来完成教材中的各类英语学习活动。Assessment 板块中，学生通过评价学习表现、反思并调整学习行为来提升学习能力。

4. 可操作性——契合高中英语教学实际，便教利学

编写组深入研究中国高中英语教学实际和高中生学习英语的特点，基于《牛津高中英语》教材使用地区的一线反馈，调整、优化原有教材体系，精心设计英语学习活动，极大地增强了教材的可操作性，有利于教师的教和学生的学。

（1）符合高中生身心发展规律和教育教学规律。教材充分考虑高中生的年龄及身心发展特点，遵循教育教学规律。必修教材关注初高中教学的衔接，有利于学生实现从初中到高中的平稳过渡。例如，必修第一册第一单元通过复习句子基本成分和基本句型等初中语法项目，帮助学生提升句法意识。此外，统筹设计必修、选择性必修和选修（提高类）教材的语篇长度和单元词汇数量，确保课程内容的难度、容量与要求呈螺旋式上升趋势，梯度合理。主题分布上，必修教材覆盖贴近学生日常生活的主题；选择性必修教材覆盖更广的主题语境，体现更深层次的意义内涵。

（2）框架结构清晰，步骤合理，有效指导教学。教材单元内部各板块功能定位清晰，练习活动层次分明，易于操作。例如，Reading 板块 Understanding the Text 的阅读活动从整体理解到细节理解、深度理解逐层递进，有利于教师进行语篇整体化教学。

（3）提供多方面的语言学习支撑，有利于学生更好地开展活动。教材提供语言、内容、技能 / 策略上的支撑，保证教师有效地开展课堂教学，学生高质量地完成活动。例如，Integrated Skills 板块的 C 部分提供学生完成活动所需的常用表达方式；Project 板块的 C 部分为完成本板块活动提供参考范例；技能 / 策略指导则有机穿插在各个板块、活动中。

（4）关注地区差异和个体差异，活动设计具有开放性和灵活性。教材充分考虑地区、学校、学生差异，在设计活动时注重开放性和灵活性，给教学留有充分的选择空间。例如，针对电影配音这个活动，学生可以展示视频、音频或现场演绎。Further Study 板块的设计也体现了开放性。该板块为满足学生个性化的学习需求而设置，鼓励学有余力的学生在课后进行自主学习和深度探究学习。

5. 经典性——精选优质语篇，体现语言学科本质

为了让学生接触真实、地道、得体的英语，了解多样的语言风格，体会英语世界的丰富多彩并提升审美情趣和鉴赏能力，教材精选了原汁原味的语言材料，保证恰当比例的原文选材。

（1）从英美经典文学作品、现当代名人演讲、经典影视作品等来源选择

适合高中生阅读的语篇作为主要阅读语篇，如 *The Old Man and the Sea* 原文节选、科学家 Richard Feynman 的演讲 “The Value of Science” 等。

（2）每个单元开篇通过一小段语言优美、意义深刻、价值正确的引言，引入单元主题。

（3）练习册中设置 Appreciating Language 板块，选择适合高中生诵读的诗歌、演讲、散文等，让学生学会欣赏英语的语言美和意蕴美，培养语言意识，形成语感。

6. 时代性——体现先进教育理念，注重科学技术在教材中的呈现和应用

教材注意汲取外语习得领域的先进教育思想和教学理念，以学生为中心，以英语学习活动观为指导，以促进学生英语学科核心素养的形成和发展为目标，科学整合课程内容六要素，整体设计学习理解、应用实践、迁移创新等多层次的英语学习活动。呈现方式遵循学生的认知发展规律和身心成长特点，内容编排和情境设计有利于激发学生的学习兴趣，培养其探索和创新精神。

教材及时反映当代社会的发展变化，尤其是科技进步新成果。选材方面，有人工智能、互联网应用、500 米口径球面射电望远镜（Five-hundred-meter Aperture Spherical radio Telescope，FAST）、中国探月工程、基因组编辑、“一带一路”倡议、构建人类命运共同体等内容，引导学生关注经济、社会和科技发展变化，并思考这些发展变化带来的影响。语篇类型方面，新增视频、歌曲等多模态形式的语篇，丰富语言输入形式。活动设计方面，设置电影配音、手机 App 设计等学习活动，并介绍 PPT 制作技巧，以及如何利用网络查找信息的策略，鼓励学生在英语学习中使用信息技术。

教材重视发挥现代教育技术对教与学的支持和服务功能，特别是信息技术在教学资源建设中的应用。作为对核心教材的有力补充，江苏省中小学教学研究室与出版社合作开发建设了由助教资源库和助学资源库构成的立体化教材支撑体系。基于互联网和内联网的教学网站提供了语言学习空间和交流平台，方便教师与教师、教师与学生、学生与学生讨论问题、展示成果、分享经验。丰富的线上线下课程资源有助于营造信息化教学环境，拓宽教与学的渠道，促进教与学方式的变革，推动信息时代背景下英语教育教学的改革。

编写组衷心希望，这套立足中国高中教育现状和实际、面向未来教育发展的新时代教材，能够为推进英语课程改革、提升英语教学质量、培养德智体美劳全面发展的社会主义建设者和接班人做出更大贡献。

第二章

指向英语核心素养的课堂教学

第一节　英语学习活动观下的教学实践

英语学习活动观下教学设计的基点与路径

李涛涛[①]　卢　英[②]

《普通高中英语课程标准（2017 年版）》（以下简称“新课标”）在“实施建议”部分的“教学建议”中指出“实践英语学习活动观，促进核心素养有效形成”，厘定了活动是英语学习的组织形式和基本载体，并进一步聚焦指向学科核心素养发展的英语学习活动观。活动是学习者学习和尝试运用语言理解与表达意义、培养文化意识、发展多元思维、形成学习能力的主要途径。[1]英语学习活动观的提出，对于解决长期困扰中国学生的“哑巴英语”问题具有推动作用，是细化立德树人、落实核心素养、实现英语学科育人目标在课堂中落地的关键一环。

基于英语学习活动观的教学设计遵循以下基本原则：聚焦课程内容整合，引发学生深度学习，导引学生形成正确的价值观、关键能力和必备品格。当前，部分教师对英语学习活动观还不够了解，对如何基于英语学习活动观进行课堂教学更是知之甚少。有的教师认为课堂活动可有可无，对提升课堂的

① 李涛涛，陕西师范大学教育学院博士研究生，陕西省渭南市教育研究所英语教研员。

② 卢英，陕西省渭南市杜桥中学英语教师。

有效性影响甚微；有的教师则将活动固态化，过分强调任务型教学的作用，视其为实现课堂有效性的唯一路径。

一、基于英语学习活动观的教学设计基点

英语学习活动是英语课堂师生、生生间交流互动的基本组织形式，是培养学生综合语言运用能力，落实英语学科核心素养培育目标的主渠道，反映了语言学习的动态性与实践性，是整合课程内容六要素、实施深度教学、落实课程总目标的根本保障，也为创新学习方式、提升英语教与学的效果提供了可操作的路径。[2] 鉴于此，在活动建构时应遵循以下几个基点。

（一）兴趣引领的活动基点

兴趣既关乎目的，又与手段有关，是学习者愉悦求知、探索未知的内在诱因，兴趣盎然的状态能让学习效果倍增。[3] 兴趣引领的活动设计是落实新课标中提出的“主题语境、语篇类型、语言知识、文化知识、语言技能和学习策略六个要素”[1] 整合的英语学习活动观的根本前提。教师要善于挖掘语言项目操练方式、学习活动组织方式以及师生、生生之间互动活动的兴趣点，最大限度地提高学生进行学习活动的兴趣，设计具有时代性、贴近学生生活实际、具有趣味性和挑战性的活动，如头脑风暴、猜谜活动等，导引兴趣、激发心智、引领素养。

（二）班级学情导引的设计基点

班级学情指的是班级内部学习者在学科学习中的发展状况以及可能出现学习困惑的聚集场域，表征为不同的学习风格和特质，是英语学习活动流畅展开、取得实效、达成目标的关键。维果茨基的最近发展区理论为班级学情导引的活动设计提供了有力支撑。

班级学情导引的活动设计要求，一是活动的建构应紧扣绝大多数学生的现有水平与可能的发展水平之间的差距，聚焦学生整体的最近发展区，[4] 通过英语学习活动的开展，激发其潜能、导引其内发力，统摄发展学生的英语学科核心素养。师生构建的活动应具有学情导引性，有挑战性但难度可控，在解决学生困惑的过程中实现师生共同发展。经过活动发展后的新的班级学情，可以作为下一个英语学习活动的“新的学情起点”，在活动中实现师生共进，在此基础上设计下一个学生最近发展区的活动建构，[5] 深化素养培育。基于英语学习活动观的教学设计需要聚焦班级学情的基础，设计更高层次的学习活动，在教师的帮助下，达到学生“自己跳一跳能摘到桃子”的效果，才能真正实现“教是为了更好地学”的理念。

二是基于学情的多元活动设计要体现因材施教。聚焦班级学情的活动设计应面向大多数学生，活动的深度需要为大多数学生经过努力后所能接受；同时，活动设计还需要兼顾学生间的差异，体现个性化，如围绕一节课的统领性活动设计多样的小组活动或同桌活动；正确处理活动中的难与易、快与慢、多与少的关系，使活动内容和进度符合学生整体的最近发展区。重视学情导引的活动设计既要统整全班学生的最近发展区，又要兼顾学生间的个体差异；既要保证同舟共济，又要满足个性需求。

（三）紧扣单元教学目标的设计基点

单元是系统承载一个主题范围的意义载体，统摄了相对系统的语言知识、语言技能和文化思想，对特定能力的提升、价值观认同及学科核心素养的培育具有指向性和拓展价值。单元教学目标是课堂活动构建的起点和归宿。钟启泉先生指出：核心素养—课程标准（学科素养）—单元设计—课时计划，是教学目标设计的思维流程。[6] 立足于中观层面的单元目标，既能“上挂”宏观层面的课堂教学改革，又能“下挂”微观层面的课堂教学改革，彻底清除各部分间那种具有摧毁性的离散状态，[7] 克服碎片化学习和孤立知识点的学习，达成可迁移的单元结构化知识，发挥“上下互联、双向互动”的价值，[8] 即马歇尔（Marschall，C.）指出的教学设计中的宏观思维与微观思维。宏观思维向上连接核心素养培育和课程目标落实，微观思维向下连接具体活动目标的开展。[9] 因此，英语学习活动观的建构必须置于这一系统之中，具有明确的目的性，将活动的每一步置于单元的大系统中进行统合，内在逻辑上与课时目标、单元目标、学科核心素养目标、课程方案与课程标准、立德树人根本任务相统一（图 1）。

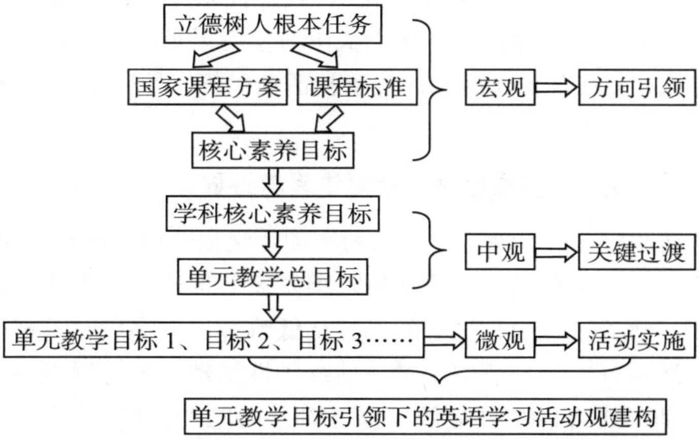

图 1　单元教学目标“上下互联、双向互动”下的活动运行图

同时，活动的构建还应体现英语学科特色，在活动中通过理解与意义表达，外显学生的英语学科核心素养，体现正确的语言教学观、师生交往观，突出学生的主体地位。设计活动时，教师应精准研读教材中的单元材料，提取并梳理与单元主题相关的语言知识、文化知识、语言技能和学习策略，确定活动的流程、层次、重难点，拓展学生运用语言的实践场域。

（四）从量变到质变的设计基点

在活动建构时，以学生知识的增长和技能的形成为目标的活动频率与反复度可称为活动的“量”，活动中学生的价值观鉴悟、素养积淀提升可称为“质”。立德树人背景下的课堂活动建构是“质”与“量”的内在统整，“量”是“质”的前提和条件。在学习活动中，学生使用语言越多，交流频次越多，自我意义建构的程度就越高，活动的效果就越好，素养的积淀和育人价值就会得到最大程度的彰显。

从活动的作用来讲，中小学英语课堂活动包括宏观统领性活动、过渡性导引活动和总结性活动等。宏观统领性活动是一个独立、完整、基于课堂目标达成的素养培育的活动，以表达性技能输出为主，如英语课堂高潮部分的小组角色扮演活动。过渡性导引活动是某一课堂活动中导引知识、启迪思维的纽带性活动，以理解性技能为主。总结性活动是师生共同建构的整堂课的反思性评价活动，如新课标倡导的“以形成性评价为主，终结性评价为辅”的活动。不管哪一种活动的建构，都必须考虑活动的输入量、基于意义的操练量，确保从量变到质变的进阶。很多教研员坦言，目前部分教师缺乏活动的理论引领，活动设计呈现出为活动而活动、为讨论而讨论的状态，活动形式化、碎片化的情况较为严重，有的活动不到一分钟，教师一声“time is up”，学生还没有进入状态就被迫中止活动。活动时间过短、活动量不足，学生的语言操练不能得到保证，无法形成语言学习的质变，素养提升就无从谈起。教师应该在有限的课堂时间内，紧扣活动目标，给予学生充分的活动量，确保学习迁移的发生。

二、路径：用三层发展性活动让学生素养外显

发展性活动指在一节课中通过系列活动让学生获取与梳理、概括与整合、实践与内化语言文本信息，引领学生思维发展，促进学生形成创新观点的动态发展过程。活动过程中，学生的思维从低阶过渡到高阶，呈螺旋上升的态势。发展性活动可以是一节课中唯一的统领性活动，也可以是一节课中的系列活动。活动形式可以是外显的，也可以是内隐的，但一定要富有层次性，

体现前后铺垫、循序渐进，体现学生的认知进阶，使活动层次性的内在本质和一堂课的发展相协调。比对高中英语新课标提出的学习活动观的内在发展类型与布鲁姆提出的认知领域的记忆、理解、应用、分析、评价和创新六个层次，结合发展性活动在课堂的生成机制，可有效提升活动设计的质量。其内在的逻辑映射关系如图 2 所示。

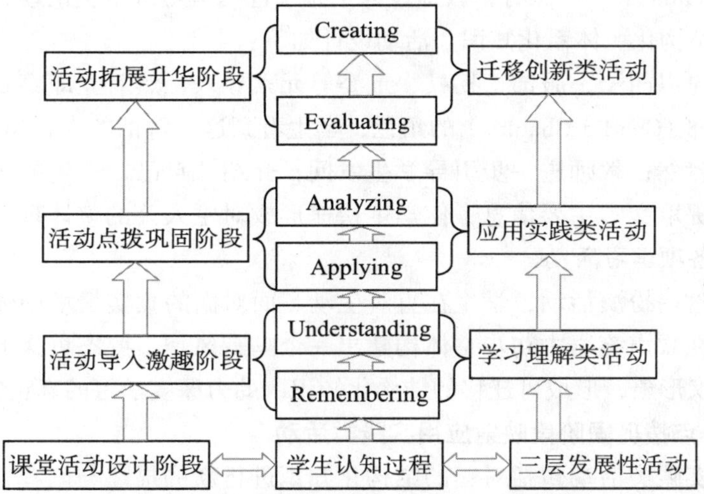

图 2　课堂三层发展性活动与素养外显关系图

由图 2 可知，从学习理解、应用实践到迁移创新的三层发展性活动体现了思维逐渐进阶的过程，同一节课的发展脉络是一致的。操作时，教师应围绕主题优化问题，构建由逻辑性到批判性再到创新性的思维链和层层递进的问题串，为学生素养外显提供活动支架，促进学生在讨论、分析、判断、评价等活动中提高语言素养，在自主探究主题意义的过程中外化其深度学习的过程。聚焦素养外显的英语学习活动观的教学实施路径是从学习理解、应用实践到迁移创新的进阶过程，三个层次的活动从基于文本的信息输入，到深入文本的初阶输出，最后到超越文本的高阶输出，这种逻辑的进阶、发展、提升能够实现基于内容、聚焦文化、发展思维的深度学习的目的，从而落实英语学科核心素养的培育。[10]

（一）导入激趣阶段映射学习理解类活动

学习理解类活动是基于理解建构的活动，其目的是导入激趣，实现理解。理解是一切真实学习发生的起点，也是深度学习的发生机制，包括感知与注意、获取与梳理、概括与整合等基于文本的学习活动。例如，教师可以围绕主题创设情境，激活学生已有的知识和经验，铺垫必要的语言和文化背景知识，引出要解决的核心问题。常见的活动设计，如课前围绕文本主题的自由交谈活动；围绕核心问题开展旨在激发兴趣的头脑风暴活动；补充必要的背景图示，旨在激发学生进一步获取信息的动力的图片分享活动等，都可以为结构化文本的梳理做好准备。如在教学人教版高中英语必修 4 Unit 3 “A Taste of English Humour” 一课时，教师设计了统领性的学习理解类活动，帮助学生形成新的结构化、体系化知识。活动设计如下：

教师先以胡子、服饰、拐杖、走姿等元素导入，然后立即穿衣打扮，扮演成卓别林（Charlie Chaplin）的角色，学生看到这一鲜活的人物出现在眼前，顿时兴趣盎然；教师进一步引导学生发问，介绍“自己”一生的经历，帮助学生快速提取文本主要信息，使学生快速形成对主人公的整体理解，从而统领后期的各项学习活动。

通过这一扮演活动，学生在直观生动、面对面的真实情境中体验到学习的乐趣，在欢声笑语中初步整体构建出一个幽默风趣、憨态可掬但催人奋进的小流浪汉形象，形成可迁移的结构化知识，助力深度学习的真正发生。

（二）点拨巩固阶段映射应用实践类活动

应用实践类活动包括对新的结构化知识进行新的描述与阐释、分析与判断。内化与运用文本知识等活动是三层发展性活动的关键环节，是对学习理解类活动的总结，目的是做好新知的点拨与内化，帮助学生形成新的情境化知识，发展个体能力，为第三层次的迁移创新类活动做好铺垫。如在教学人教版高中英语必修 3 Unit 2 “Healthy Eating” 一课时，教师设计了如下应用实践类活动：

利用多媒体技术，举办“关中美食节”。学生课前分组准备食材，课上合作制作简便的关中美食，实现“做中学”。通过品尝各组自制的美食，感悟陕西关中的美食文化；通过对美食的品尝与鉴赏，感受中国文化与英美文化的融合；通过分享与感谢活动，大胆分享成长的快乐。

在这一活动过程中，学生的思想得以交流，能力转化为了素养。

（三）拓展升华阶段映射迁移创新类活动

迁移创新类活动是三层发展性活动的最高境界，目的是巩固新的知识结构，进一步拓展升华主题，力求形成具有反思性的高通路迁移（high-road transfer）。此类活动设计难度大、挑战性强，是促进能力转化为素养的关键所在。素养的高度内敛性、抽象性需要依靠迁移创新来培育。

迁移是把一个情境中学到的知识迁移到新的复杂情境中的能力。[11] 基于新的结构化和条件性知识，学生通过自主交流、合作分享，综合运用理解与表达性技能，阐释新观点、启迪新思想，形成新的价值取向、实现创新思维培育，指向深度学习，最终实现素养积淀。常见的迁移创新类活动如推理与判断活动、分享与想象活动等，此类活动的课堂实施是在层层铺垫、螺旋反复的基础上进行的，前期的活动铺垫必须充分而有深度。如在教学人教版英语必修 2 Unit 3 Using Language “Andy-the Android” 一课时，教师围绕“设计与创造自己理想中的机器人”这一活动目标，通过系列微活动，最终达成活动目标。活动流程如下：

Draw your own android（画）—Compare and Discuss your android（比较与讨论）—imagination and sharing your own android（想象与分享）— recreate your unique android（再创造）。

这一活动链的构建，可以实现课堂教学由培养语言能力向培育学科素养的转化，帮助学生树立创新意识，形成正确的人生观和价值观。

审视和观察英语新课标颁布后的课堂，我们看到广大教师在英语学习活动观的引领下进行了大胆尝试和勇敢探索。毋庸置疑，基于英语学习活动观的课堂不但有助于改变以知识和技能为主的模式化、碎片化学习样态，也有助于改变情感态度与价值观“贴标签”的问题，给课堂注入了新思想。英语学习活动观是课程内容和目标素养化的落实路径，更是一种观念，是一种相对宏观的学习途径，而不是具体的活动体例。基于英语学习活动观的课堂留给教师更多的是根据文本内容和学情的大胆探究。

参考文献：

[1] 中华人民共和国教育部 . 普通高中英语课程标准（2017 年版）[S]. 北京：人民教育出版社，2018.

[2] 梅德明，王蔷 . 改什么？如何教？怎样考？高中英语新课标解析 [M]. 北京：外语教学与研究出版社，2018.

[3] [美] 拉尔夫·泰勒 . 课程与教学的基本原理 [M]. 施良方，译 . 北京：人民教育出版社，1994.

[4] 李静 .“最近发展区”理论在高中历史概念教学中的运用策略研究 [D]. 曲阜：曲阜师范大学，2019.

[5] 郭月方 . 初中化学预习指导的实践研究 [D]. 武汉：华中师范大学，2018.

[6] 钟启泉 . 基于核心素养的课程发展：挑战与课题 [J]. 全球教育展望，2016，45（1）：3-25.

[7][英]怀特海.教育的目的[M].庄莲平，王立中，译.上海：文汇出版社，2012.
[8]熊梅，李洪修.发展学科核心素养：单元学习的价值、特征和策略[J].课程·教材·教法，2018，38(12)：88-94.
[9]Marschall,C. & French,R. Concept-based Inquiry in Action:Strategies to Promote Transferable Understanding[M]. Thousand Oaks,CA:Corwin,2018.
[10]王蔷.从综合语言运用能力到英语学科核心素养——高中英语课程改革的新挑战[J].英语教师，2015，15(16)：6-7.
[11][美]约翰·D.布兰思福特，等.人是如何学习的：大脑、心理、经验及学校(扩展版)[M].程可拉，等译.上海：华东师范大学出版社，2013.

基于英语学习活动观的高中英语阅读教学实践

陈世克①

《普通高中英语课程标准（2017 年版）》（以下简称“《英语课程标准》”）提出了由主题语境、语篇类型、语言知识、文化知识、语言技能和学习策略等六要素构成的英语学习活动观。[1] 体现核心素养的课堂教学要求教师整合英语教学六要素，通过创设英语学习活动，引导学生转变学习方式，提升语言能力、文化意识、思维品质和学习能力，从而实现英语学科的育人价值。

作为课堂教学的基本组织形式，英语学习活动观是落实学科核心素养和变革学习方式的重要途径，怎样理解和实践英语学习活动观是需要教师深入思考和探讨的问题。同时，阅读教学是高中英语教学的重要组成部分，也是培养学生学科核心素养的重要依托。因此，针对阅读教学单一化、碎片化和应试化等问题，从课堂教学实践的角度探索如何在英语学习活动观的指导下实施高中英语阅读教学显得尤为重要。

一、英语学习活动观的内涵与意义

《英语课程标准》指出：英语学习活动观是指学生在主题意义引领下，通过学习理解、应用实践、迁移创新等一系列体现综合性、关联性和实践性等特点的英语学习活动，使学生基于已有的知识，依托不同类型的语篇，在分析问题和解决问题的过程中，促进自身语言知识学习、语言技能发展、文化内涵理解、多元思维发展、价值取向判断和学习策略运用。[1]

英语学习活动观强调通过活动发展语言知识与语言技能、增强文化意识、提升思维品质、提高学习能力。英语学习活动观的实践路径是从学习理解、应用实践到迁移创新。这三个层面的活动从基于语篇、深入语篇到超越语篇，从语言输入到语言输出，从低阶活动到高阶活动，实现基于主题和语篇、关注文化、学习语言、发展思维的课程学习目标，为学生学习方式的变革和核心素养的落地提供了可操作途径。

---

① 陈世克，浙江省乐清市柳市中学教师，中学一级教师。

二、英语学习活动观指导下的阅读教学实践

要落实英语学习活动观，就需要教师依托主题意义和语篇类型，深度解读文本，制订合理的目标，设计学习理解、应用实践和迁移创新三个层面的活动，优化问题的设置，促进英语学科核心素养的提升。英语学习活动观指导下的阅读教学可以分为三步：第一步是教师对语篇进行深度的文本解读；第二步是根据文本解读和活动观，整合学习内容，制订有层次性的合理的教学目标；第三步是在确定教学目标后，基于活动观设计并实施教学活动，引导学生在探究主题意义和语篇内容的活动中，学习语言知识和技能，感知文化品格，发展思维品质和语言学习策略。下面以人教版高中英语必修二第一单元“In Search of the Amber Room”阅读课教学实践为例，阐述英语学习活动观指导下阅读教学的设计与实施。

（一）深度解读文本

教师可以从语篇的整体性出发，从主题、内容、文体、语言和作者五个角度进行深度的文本解读，深入把握文本主题意义。[2] 同时，通过整理解读的文本内容，确定文本的深层意义、语篇文体结构和修辞手段，教师能够更好地基于主题意义开展教学设计。

1. 解读主题和内容

本单元的话题是“文化遗产”，阅读文本的主题是“寻找琥珀屋”，聚焦琥珀屋的传奇历史，折射琥珀屋作为“世界遗迹”的经济、历史和文化价值。从文本的结构和内容来看，文本共五段：第一段是琥珀屋的外观，以描述为主，介绍了琥珀屋的质地、颜色、设计和装饰等；第二段至第五段是琥珀屋传奇的历史，以记叙为主，展示了琥珀屋的不同功能、具体历史及其价值。文本清晰的历史脉络有利于学生获取和建构结构化知识，在此基础上深挖语篇内涵，巩固内化和运用所学的语言知识、文化知识，并转化为语言能力，培养高阶思维。

2. 解读文体和语言

本单元文本属于叙事性文体。文本的标题“In Search of the Amber Room”内含话题（the Amber Room）和焦点（in search of），可以帮助读者聚焦文本的主题内容和意义；Pre-reading 部分的插图（琥珀工艺品或饰品）展示琥珀的颜色、质地、功能等；文本内的插图（琥珀屋）展示琥珀屋的外观，可以帮助学生直观地感受琥珀屋的经济价值。从文本的语言来看，文章语言难度适中，通过采用 several tons of，selected，yellow-brown color like honey，take the country’s best artists about ten years to make 等词句增强描写的“画面感”，使用

the greatest gift，have an amazing history，fancy style，以及琥珀屋在德国和俄国间“流动”时的动词等体现叙事的“说服力”。文本主要时态是一般过去时，使用的复合句以定语从句为主，涉及宾语从句和让步状语从句。

3. 解读作者

作者通过琥珀屋的外观描述和琥珀屋在德、俄两国间“流动”的传奇历史讲述，使学生认识到琥珀屋的经济、历史和文化价值。基于以上的解读，更加深入语篇的主题意义探究是通过深度梳理和提炼，归纳信息，引导学生得出琥珀屋是皇室奢靡生活的见证，是“二战”时德国纳粹罪行的见证，更是德国与俄国之间敌友关系转变的见证。

（二）确定教学目标

教学目标需要体现学生深度学习的过程，体现英语学习活动观的三个层面，体现语言能力、文化意识、思维品质和学习能力相互融合、渗透和发展。[3] 基于文本的深度解读和对学情的准确把握，确定本课的教学目标如下：

①获取琥珀屋的基本信息，如质地、颜色、设计和装饰等；

②梳理、概括琥珀屋的传奇历史，借助思维导图清晰地呈现结构化知识；

③分析、推断琥珀屋经历传奇历史的原因，并运用本课所学的语言进行描述；

④分析、评价琥珀屋的价值，推断、论证德国和俄国之间关系的转变。

以学习行为和活动形式呈现的教学目标可操作、可达成、可评价，既突出学习过程，又强调学习结果。分析上述目标中使用的行为动词可以发现，目标①和目标②属于学习理解活动，目标③属于应用实践活动，目标④属于迁移创新活动。目标层层递进，指向核心素养的要素，体现英语学习活动观的综合性、关联性和实践性等特点。

（三）教学活动的设计与实施

教学活动的设计要以探究主题意义为主线，以语篇为依托，遵循英语学习活动观的理念，与教学目标保持一致。具体而言，学习理解类活动主要包括感知与注意、获取与梳理、概括与整合等基于语篇的学习活动；应用实践类活动主要包括描述与阐释、分析与判断、内化与运用等深入语篇的学习活动；迁移创新类活动主要包括推理与论证、批判与评价、想象与创造等超越语篇的学习活动。[1] 下面说明如何设计和实施这三类活动。

1. 开展基于语篇的学习理解类活动

（1）感知与注意

教师播放流失海外百余年的圆明园文物虎蓥重回祖国的新闻，介绍虎蓥的相关信息和丢失的原因，并提出以下问题："What do you think about the loss of Chinese cultural relics?" "What is the meaning of the return of the Tiger Ying?" 虎蓥回归的新闻是一则热点新闻，与本课主题一致，教师围绕主题创设虎蓥回归的情境，激活学生已有的知识和经验，铺垫必要的语言和文化背景知识，同时提供新闻文本片段，如 "The loss and return of Chinese cultural relics is closely connected with the fall and rise of a nation. The lost cultural relics hold Chinese people's deep emotions."，引导学生学习重要词汇和表达。

教师呈现阅读文本的标题和第一段首句并提出以下问题："What do you want to know about the Amber Room from the title and the first sentence? Raise questions." 学生基于标题和首句内容提出问题，预测文本大意。此活动可以验证学生与文本之间的信息差，构建文本框架。

（2）获取与梳理

学生提出的问题如下："What was the Amber Room like?" "Why was it the greatest gift?" "What was the amazing history?" "Why did it have such an amazing history?" "What was the result of the search?" 通过整体的细节阅读和验证，学生可以获取琥珀屋的基本信息，如质地、颜色、设计和装饰等，梳理琥珀屋的传奇历史。教师通过学生的提问和回答，确保教学目标①和部分教学目标②的达成。

（3）概括与整合

教师将学生的提问 "What was the amazing history?" 细化为 "Who did the Amber Room belong to? What's the function of the Amber Room?What happened to the Amber Room?" 三个子问题，引导学生概括琥珀屋在德国和俄国之间"流动"的传奇历史。同时，引导学生用思维导图提炼、整合信息（图 1），形成有关琥珀屋及其历史的结构化知识，从而确保教学目标②的达成。

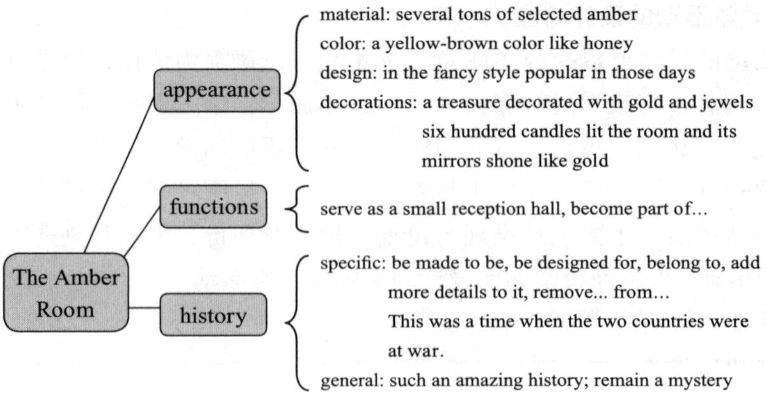

图 1　学生思维导图

2. 开展深入语篇的应用实践类活动

（1）描述与阐释

教师在处理学生的第一个提问“What was the Amber Room like?”时，先让学生根据文本内的插图描述琥珀屋的外观，再阅读文本第一段，阐释如何描述琥珀屋，同时引导学生关注文本所使用的描述琥珀屋的词汇，如 several tons of，selected，a beautiful yellow-brown color like honey，in the fancy style popular in those days，a treasure decorated with gold and jewels，take the country's best artists about ten years to make 等，内化所学语言知识与相关信息。

（2）分析与判断

这个活动设计聚焦问题“Why did the Amber Room have such an amazing history?”。针对琥珀屋的传奇历史，教师将问题细化并呈现在相关内容的各个活动中，引领学生分析和判断琥珀屋经历传奇历史的原因：

Who made the Amber Room? Why?（分析）

Why was it the greatest gift?（判断）

What was the amazing history?（分析）

What was the result of the search?（分析）

What value did the Amber Room have?（判断）

上述问题链引导学生分析和判断琥珀屋拥有传奇历史的原因，鼓励学生思考琥珀屋见证历史的内涵：除琥珀屋的经济、历史和文化价值外，琥珀屋见证了皇室奢靡的生活，见证了“二战”时德国纳粹的罪行，更见证了德俄两国关系的转变。这个过程有助于学生逻辑思维和批判性思维的发展，从而达成教学目标③。

（3）内化与运用

教师在读后活动中通过阅读时所用的同一问题“What words would you use to describe the Amber Room?”复现文本中描述琥珀屋的词汇和相关拓展词汇。通过提问“Why would you describe the Amber Room in this way?”，再结合提炼的经济、历史和文化价值，引导学生反思文本关于琥珀屋的描述方法，内化和运用所学语言知识，表达个人观点。

3. 开展超越语篇的迁移创新类活动

（1）推理与论证

教师在分析琥珀屋的历史价值时，设计表格（表 1）引导学生基于文本探讨德国和俄国之间历史关系的转变，对语篇背后的价值取向进行推理与论证，加深学生对主题意义的理解。同时，通过自主合作探究的方式，让学生进行小组合作，绘制德国和俄国关系变化的曲线图（图2），综合运用语言技能，创造性地建构文本内容，跳出文本，超越语篇。

表1 德国和俄国历史关系的转变

Time	Prussia/Germany	Russia	Relationship
in 1716			
in 1941			
Recently			

As an eyewitness, what did Amber Room see over the centuries?

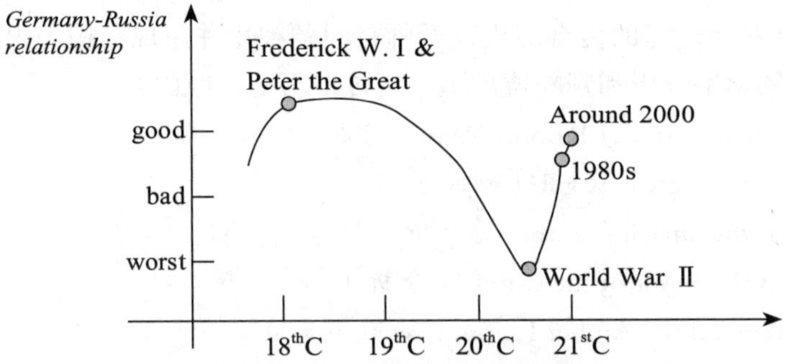

图2 德国和俄国关系变化曲线图

（2）批判与评价

在推理与论证德国和俄国关系转变之后，教师提出问题“Where was the Amber Room at different times?”，学生重新阅读文本，找出相关语句：

The Amber Room became part of the Czar’s winter palace in St Petersburg.

Catherine Ⅱ had the Amber Room move to a palace outside St Petersburg.

In September 1941, the Nazi army was near St Petersburg.

There is no doubt that the boxes were then put on a train for Konigsberg, which was at that time a German city on the Baltic Sea.

The people of St Petersburg celebrated the 300 th birthday of their city.

学生根据找到的文本语句，提升对这一问题的批判性思考，解读圣彼得堡和哥尼斯堡两个城市的相关内容。教师引导学生着重关注哥尼斯堡（which was at that time a German city），从而做出评价：琥珀屋见证了圣彼得堡和哥尼斯堡两个城市的历史变迁，以及圣彼得堡的人们对琥珀屋的深厚情感。

（3）想象与创造

教师总结并呈现琥珀屋见证的具体信息“The Amber Room witnessed the luxurious life of kings and queens，the economic and artistic level of a country，the change of Germany-Russia relationship，the history of cities，and people's deep emotions.”，并提问：“What does the Tiger Ying witness?”学生将琥珀屋的相关知识迁移到虎蓥，创造性思维得到了发展。同时教师复现导入部分的新闻文本片段“The loss and return of Chinese cultural relics is closely connected with the fall and rise of a nation. The lost cultural relics hold Chinese people's deep emotions. It is a reminder of a special period of history.”，让学生紧紧围绕主题意义，充分内化语言。

在作业环节，教师要求学生借助课堂提炼的思维导图框架，选择感兴趣的文化遗产，查阅资料，撰写其传奇历史。这一活动使学生在新的情境中运用所学语言知识和技能展开想象与创造，实现超越语篇的迁移创新。

三、结语

英语阅读素养不仅包括学生学习、内化和运用所学语言知识获取、建构意义的能力，还包括通过阅读，发展多元思维和跨文化理解、获得学习体验、形成学科核心素养。[4] 英语学习活动观指导下的阅读教学从学习理解、应用实践和迁移创新的层面，开展指向核心素养发展的阅读教学实践，体现了学生主体性和语言学习的本质，为阅读教学提供了新的实践路径。

参考文献：

[1] 中华人民共和国教育部. 普通高中英语课程标准（2017 年版）[S]. 北京：人民教育出版社，2018.

[2] 张秋会，王蔷. 浅析文本解读的五个角度 [J]. 中小学外语教学（中学篇），2016，39（11）：11-16.

[3] 高洪德. 英语学习活动观的理念与实践探讨 [J]. 中小学外语教学（中学篇），2018，41（4）：1-6.

[4] 王蔷. 核心素养背景下英语阅读教学：问题、原则、目标与路径 [J]. 英语学习，2017（2）：19-23.

基于主题意义探究的英语阅读教学实践分析与改进策略

李宝荣①

《普通高中英语课程标准（2017年版）》（以下简称“课标”）指出：学生对主题意义的探究应是学生学习语言的最重要内容，直接影响学生语篇理解的程度、思维发展的水平和语言学习的成效。[1] 英语阅读教学中的主题意义探究是学生基于对某一主题原有的认识，运用语言技能，在与文本、教师以及同伴进行互动的过程中，获取、梳理、整合围绕该主题的语言知识和文化知识，对主题的内涵、意义形成更加清晰、全面、辩证的认识，进而重构主题概念的过程。学生进行主题意义探究，可以促进其拓展知识，拓宽视野，提升语言能力，增强文化意识，发展思维的逻辑性、批判性和创新性，进而在英语学习中逐步形成正确价值观念、必备品格和关键能力。基于主题意义探究的英语阅读教学有利于解决教师脱离主题语境割裂地教授词汇、语法知识以及忽视培养学生语言能力等问题。

然而，基于课堂观察，笔者发现目前英语学科基于主题意义探究的阅读教学中仍然存在以下问题：一是主题意义探究缺乏主线，探究的重点和落脚点不明确，学习活动聚焦于碎片化的文本细节；二是主题意义探究过程不充分，局限于读后环节，主题意义探究和学生语言能力的发展相互割裂，探究活动脱离文本，探究内容空洞抽象。

在有些课堂上，教师把自己对主题意义的理解直接告诉甚至强加给学生，而不是引导学生去探究主题意义，他们在主题意义探究的课堂中，不能结合学生自身经验、知识和认知进行教学，学生只是被动接受。[2] 学生没有经历基于主题意义深度理解、重构主题认识的过程，无法建构起对文本主题内容的整体理解，输出时无法运用获取的语言和信息结构化地整体表达、交流主题意义，学科核心素养也就无法得到综合发展。

于是，笔者团队就如何基于主题意义探究有效开展英语阅读教学，解决教学实践中存在的问题，促进学生学科核心素养的发展做了教学改进探索。以北师大版高中英语教材必修模块3中Unit 8“Adventure”Lesson 3“Marco

① 李宝荣，北京教育学院外语与国际教育学院副院长，教授。

Polo and His Travels”这一课的主题内容教学实践改进为例，授课教师自主设计并实施第一次教学，团队教师通过课堂观察，分析学生的参与、语言生成表现等，判断教学效果，并确定基于主题意义探究设计阅读教学的基本思路，明确改进教学目标和学习活动的策略，由授课教师再次实施改进后的教学，对比改进效果。

一、课前准备

“Marco Polo and His Travels”这一课按照时间顺序描述了马可·波罗的人生经历，包括他 17 岁来中国做生意时的见闻，文章以他的视角呈现了当时中国的经济发展状况，还有他回到意大利后的经历，特别是 *The Description of the World* 这本书的诞生及其影响，以及他死前对于他人质疑自己经历的回应等情节。

本文的写作特点之一是时间脉络清晰，运用了很多时间短语和表达方式，如“when he was 17 years old”“In 1291...”“not long after his return”等。文本中限定性定语从句和非限定性定语从句的使用使描述更加细致、生动和具体。除了描述人物活动的动词，文本中“be impressed by”“be amazed by”“be confused by”等短语的使用很好地描述了中国的人和事给马可·波罗留下的深刻印象以及使其惊奇的程度。

授课班级的学生为高一普通班的学生，他们在 Unit 7“The Sea”中已初步学习了定语从句，对于本单元 adventure 话题具有一定的认知和背景知识，对马可·波罗到中国的游历有所了解，但对其游历探险的具体经历以及意义尚没有全面清晰的认识。

二、实践策略

结合第一次教学实践，笔者团队就基于主题意义探究，有效设计阅读教学的思路达成共识：依据课标要求和文本内容，结合学生的主题认知和语言能力确定主题意义探究的落脚点，确定促进学生学科核心素养发展的教学目标以及主题意义探究的重点及关键点，并设计相应的以主题意义探究为主线且具有综合性、关联性和实践性的学习活动。

（一）明确主题意义探究的重点内容

基于课标中关于人与社会、人与自我的主题语境内容要求，结合学情分析和文本分析，笔者团队确定了引导学生进行主题意义探究的三个重点内容：（1）主题语篇的语言表达方式、表达结构以及逻辑层次搭建；（2）单元主题的内涵；（3）主题内容对自然界、人类社会发展的作用以及对学生自我发展的意义。

文本主题意义探究的落脚点是：学生基于马可·波罗的探险经历及其对社会发展的意义的理解与探讨，对 adventure 主题内涵形成新的认识和结构化表达的能力。在此基础上，团队分析了第一次实践中教学目标、学习活动存在的问题并提出了改进策略。

（二）优化目标：使主题意义探究主线贯穿始终

教师第一次授课时的教学目标如下。

本课结束时，学生能够：（1）获取、梳理马可·波罗的游历信息，并运用文本中的部分词汇、短语和定语从句按时间线索复述相关内容；（2）在文本中学习并运用 do trade with，impress，amazed，confused，serve，put into prison，stand by 等词汇；（3）评价马可·波罗之行对社会发展的意义。

依据课标，英语课程应该把对主题意义的探究视为教与学的核心任务，并以此整合学习内容，引领学生语言能力、文化意识、思维品质和学习能力的融合发展。[1] 从主题意义探究促进学科核心素养发展的视角分析，第一次授课时的目标存在以下问题：一是把基于主题意义的语言学习和思维发展割裂，目标（1）和（2）均涉及运用语言知识表达主题意义，可以进行整合，促进学生语言和思维的融合发展。二是没有体现出单元主题意义贯穿于文本学习中。教学目标是教学活动确定的依据，需要体现围绕单元主题意义探究促进学生核心素养发展的主线。教师第一次授课时的教学目标聚焦于学生对马可·波罗的旅行经历进行理解、梳理和评价，却没有与单元主题 adventure 进行关联，没有与学生已有的主题认知和发展需求相关联。这一课标题中虽然运用了“travels”，但课文中马可·波罗的经历不是普通意义的旅行，文本主题意义探究的落脚点也不应只是评价他的旅行意义、复述他的旅行经历。

于是，经过反复研讨，教师改进后的教学目标如下。

学生能够：（1）在获取全文主要信息及发展脉络的基础上，梳理、整合马可·波罗中国之行的所做、所见所闻及其感受以及其游记产生的影响，并能够运用文本中的主题词汇和定语从句结合信息复述主题内容；（2）评价马可·波罗中国探险之行的意义及其对促进中国与欧洲经济文化交流的意义；（3）深化对探险（adventure）的内涵及其对人类社会发展的影响的认识，增强直面挑战、勇于探索未知世界的意识。

文本中马可·波罗从欧洲到中国的历程充满了坎坷，具有危险性，是赴未知国家进行经济和文化体验，充满惊奇、令人兴奋的探险之旅，学习其经历有助于学生对 adventure 主题的内涵形成清晰全面的认识，建构新概念，促进其健全人格以及文化品格的发展。改进后的教学目标中，主题意义探究主线贯穿始终，并体现出主题意义探究的重要方面：对马可·波罗之行事实信息的理解和探究，对马可·波罗之行意义的探究及评析，为学习活动的设计提供了促进学生学科核心素养发展的方向，促进学生对主题内涵及意义形成新的认识，促进其自我认知的调整、语言能力和思维品质的融合发展，带动其文化意识的提升。

（三）改进学习活动：基于主题意义探究，注重综合性和关联性

指向学生学科核心素养发展的英语教学应以主题意义为引领，以语篇为依托，整合语言知识、文化知识、语言技能和学习策略等学习内容，创设具有综合性、关联性和实践性的英语学习活动。[1] 学生基于已有的知识，依托不同类型的语篇，在分析问题和解决问题的过程中，促进自身语言知识学习、语言技能发展、文化内涵理解、多元思维发展、价值取向判断和学习策略运用。从综合性、关联性和实践性角度分析，第一次授课中学习活动设计的主要问题为：整体学习活动设计缺乏主题意义主线，活动之间缺乏关联，学生无法建构对主题意义的整体理解，无法发展基于主题意义的整体、结构化的表达能力。下面结合导入活动、学习理解活动和应用实践活动的设计及改进，探讨基于主题意义探究的英语阅读教学中学习活动的优化策略。

1. 导入活动：聚焦文本中具体的主题意义，融入语言知识的学习

改进前，教师在导入活动中介绍自己的一次出国旅行经历及感受，引出本文中的被动语态结构，如“be amazed”“be impressed”等，并板书，让学生跟读并记录这些词汇。教师呈现标题“Marco Polo and His Travels”，并介绍：“Marco Polo was amazed and deeply impressed by what he saw and experienced in his travels to China.”之后让学生通读课文，找出马可·波罗游历的时间线。这一活动中的情境创设单纯指向学生兴趣，未聚焦文本主题意义。

在情境导入活动中呈现重点词汇，激发学生学习兴趣，这个出发点固然很好，但教师的旅游经历与本单元的主题 adventure 以及介绍马可·波罗到中国的游历无关，无法帮助学生为主题内容阅读与理解做好思维上的准备。研究表明，靠加入一些吸引人但与主题内容无关的细节来提高趣味性，事实上反而会妨碍对重要信息的学习，这些诱人的细节会使人们的注意力从相对无趣但重要的内容上转移开来。[3]

改进后，教师板书“Marco Polo and His Travels”标题后，呈现教材上马可·波罗的图片，提出聚焦于主题的两个问题，并与学生互动交流：

What do you know about Marco Polo and his travels to China?

If you were the writer, what would you write under the title Marco Polo and His travels?

而后布置阅读任务：Read the passage and underline the sentences that match our predictions and circle other important information which we didn't mention.

读前导入活动的目的是激活学生的主题背景知识和思维基础，重设的两个问题和图片情境能够激活学生的主题背景知识并引发学生思考，使其思维聚焦于马可·波罗及其中国之行，有效预测文本主要内容和信息及关键词，激发其阅读文本的兴趣，使其能够快速进入主题情境，与文本进行互动。

课堂教学中，学生预测的内容包括"his life experience""his death and influence""travel experience in China""what he did and his feelings"，教师板书文本主题意义的四个关键词语"travels""experience""feelings""influence"，引导学生厘清思维，注重捕捉学生的语言生成并加以充分利用和引导。例如，当有学生说出 feelings 时，教师追问"How did he feel in China?"，并通过自己的语言示范了文本的重点语言知识——被动语态结构："Yes, he might be amazed and impressed by what he saw in China."此外，教师在布置阅读任务时还示范了定语从句的运用。这些做法对学生阅读文本时关注、获取被动语态以及定语从句等重点语言现象，起到了引起有意注意的作用，为后续师生围绕主题意义的关键信息进行互动做好了铺垫。

2. 学习理解活动：聚焦于主题意义理解的关键点，设计问题链凸显关联性

改进前，教师在学生第一遍阅读文本后与学生讨论了预测的信息，并追问："How does the writer develop the passage?"并让学生第二遍阅读文本，找出时间线，而后在师生讨论中一起划分文本的结构。最后学生阅读第三遍，细读文本回答以下十个问题：

When did he travel to China?

Why did Marco and his father travel to China?

Why was the emperor impressed by Marco?

What did he do in Beijing?

Which was more developed at that time, China or Europe? How do you know?

What were the inventions and development in China which were not available in Europe at that time?

How did Marco Polo feel about them?

What happened when he went back to Italy?

What was the name of his book?

How was it born?

教师设计的问题较多，大多聚焦于马可·波罗中国之行的零散的细节内容，且问题涉及的主体不同，包括“Marco Polo”“the emperor”“China and Europe”“the inventions and developments in China”“the book”等。这些问题缺乏围绕主题意义探究的主线，细碎且相互之间缺乏逻辑关联。就算学生把这些聚焦于不同人和事的细节信息梳理、串联起来，仍无法对马可·波罗的游历及其意义以及探险这一主题形成清晰、结构化的整体认识。此外，教师一次性提出若干问题，让学生阅读回答，导致学生处于被动阅读状态，以为找到问题答案就能理解文本内容，而不会进一步深入思考文本的内容主线以及主题意义。

改进后，学生在第三遍阅读——细读文本后，回答教师重新设计的包含四个问题的问题链，教师适时针对主题意义理解的关键点进行追问。

问题 1：When and why did he travel to China?

追问：

How did they travel to China?（呈现马可·波罗 Silk Road Adventure 的路线图）

What were the difficulties he met in terms of transportation and the natural environment in the 13th Century?

问题 2：What did he do and experience in China?

问题 3：How did he feel? Why?

追问：

Why did he feel impressed/amazed/confused?

问题 4：What did he experience after he returned to Italy?

该问题指向主题意义理解的关键点 *The Description of the World* 这本书的内容和影响，教师再次追问以下三个问题：

How was the book born?

How was the book received by the Italian people?

What was Marco Polo's response to people's disbelief/doubts about the book's contents?

在以主题意义为引领的课堂上，教师要通过创设与主题意义密切相关的语境，充分挖掘特定主题所承载的文化信息和发展学生思维品质的关键点。[1]要促成学生整体理解、整体建构并表达主题意义，教师要把主题意义探究的主线细化为主题意义理解的两个关键点：马可·波罗中国之行的经历及其影响；*The Description of the World* 这本书及其影响。围绕关键点确定具有整合性和开放性的问题链，问题链由一连串相对独立而又紧密关联且具有系统性的问题构成，以主题语境文本中的某一个人物、事物或者现象作为贯穿的主线，一个问题推及另一个问题，由此及彼，促进学生对主题内容和主题意义形成结构化认识，培育学生的表达能力。[4]

问题 1 对应文本的第一部分，即马可·波罗到达中国前的背景介绍，教师整合了第一次实践中的前两个问题，引导学生关注文本中马可·波罗来中国的时间和写作年代的地理背景，同时追问“How did they travel to China? ”。这些问题并非只是事实性细节信息的提取，而是让学生真正理解主题意义的关键点之一，即马可·波罗在旅途中面临的困难及其克服困难终于到达中国的探险精神。问题 2 和问题 3 对应文本的第二部分，教师整合了第一次教学实践中的第 3~8 个问题，聚焦于理解马可·波罗中国之行主题意义的一个关键点——他的所做、所见所闻以及基于其体验、目睹的中国经济和文化发展程度的所感。这两个大问题引导学生关注文本中若干被动语态结构背后所承载的主题意义信息。教师通过追问“Why did he feel impressed/amazed/confused? ”组织学生讨论：“Which was more developed at that time，China or Europe? How do you know? ”同时，引导学生获取并分析、整合主题关键语句信息，并深度理解定语从句在表达主题意义时所发挥的限定和补充作用：“Marco in turn was amazed by how beautiful and powerful China was...”“He was very impressed by Beijing and the royal palace, especially the summer palace, which he described as ‘The greatest palace that ever was...’”。

问题 4 对应文本的第三部分——马可·波罗回意大利后的经历，聚焦于《马可·波罗游记》及其影响，整合了第一次教学实践中的第 9~10 个问题，具有逻辑性和关联性。从马可·波罗的所见及感受以及人们对《马可·波罗游记》的反应，学生可以推理出当时中国经济等方面的发展超出了欧洲人的理解，他们对中国的发展知之甚少。这样的细致阅读过程使学生真正理解主题意义：在当时，中国及其经济、文化的发展不被西方世界所知，马可·波罗的中国之行是其对未知世界的一次探索，是一次促进经济和文化交流的探索性探险。

凸显主题意义、具有层次性的问题和师生互动可以使学生始终处于积极活跃的思考状态。教师适时地补充路线地图的文本信息，使学生的思维更加聚焦，充分激活背景知识，特别是关于 13 世纪元朝的地理和自然环境背景知识，使学生更充分、有效地与文本中的内容进行互动，获取并综合分析聚焦主题意义的关键词、关键句，如“Eventually，they arrived in Beijing”等，使学生理解马可·波罗来中国的探索之旅充满艰辛。教师的引领也发散了学生的思维。例如，就马可·波罗旅途中面临的困难和挑战，有学生说：“Maybe he met with pirates.They would take away their food and treasures.”“Sometimes they went through desert and didn’t have water to drink and might get lost.”在此基础上，教师总结说：“We see the travels were very risky because of the inconvenient transportation，possible pirates and bad weather. That’s why it is called Silk Road Adventure（重读强调）.”学生在教师的引导下深度阅读，不断聚焦，理解马可·波罗来中国途中经历的困难和危险，化解理解难点，对探险形成更加全面的认识，进而整体理解主题意义。

3. 应用实践活动：指向对主题意义的深度理解，促成深度学习

改进前，教师请学生在第四遍阅读文本的基础上，完成以下两个任务：

Find out what kind of person Marco Polo was, using some adjectives to describe him.

What can you learn from him and his travels?

本活动让学生根据文本中马可·波罗的相关事实信息来分析其性格特征，并探讨从人物及其旅行中自己可以学习借鉴之处，旨在促进学生语言和思维的发展。但是，教师忽视了文本中马可·波罗作为探险者和文化传播者所承载的 adventure 主题意义，这样的任务设置不足以使学生深入理解主题意义，教师需要把这个视角的主题意义贯穿于学习活动中，促成学生的深度理解。改进后，教师请学生回答聚焦于主题意义深度理解的三个问题：

What do you think of Marco Polo? Give reasons.

What was the influence of his travels?

What adventure would you like to take and which unknown world or field would you like to explore?

教师要依据语篇的主题意义、文体风格、语言特点和价值取向设计合理的教学活动，同时利用作者视角、写作背景和时间等信息，帮助学生深刻理解语篇，把语言学习和意义探究融为一体，实现深度学习。[1] 聚焦主题意义的问题紧密相连，在回归文本内容的基础上，教师引导学生通过回归文本内容提取信息，例如，“He could speak 4 languages”，以及“He told stories about China when he was in prison”等，分析总结马可·波罗的性格特征，用“talented”“optimistic”等形容词加以概括，在此基础上引导学生再次深入阅

读文本，找到具体信息来支撑说明马可·波罗中国之行面临的困难和挑战，以及意大利人对马可·波罗描述的中国所持的怀疑态度等。这样的学习活动有助于学生在已有的主题认知和经验基础上，整合信息，达成理解："He was one of the first Europeans to travel to a not well-unknown country，China. He explored the way to China and the life in China."，进而能够从 pioneer、explorer 和 adventurer 的角度来分析评价马可·波罗。这些学习活动促进了学生主题认知的发展，课前他们认为马可·波罗只是个商人和旅行者，课上他们学会了从促进了中国和欧洲国家之间的经济发展和文化传播这个角度分析、评价马可·波罗中国之行的意义，进行主题意义思考与建构，对探险的主题意义理解得更加全面、深刻。学生认识到，探险不仅是充满刺激、激动人心的危险活动，更是在探索未知世界和未知领域的过程中对探险者自身、社会以及人类发展产生积极意义的活动，进而对接自己的认知和行为改变，实现了深度学习。在此，阅读过程即为针对系列主题问题的解疑过程。学生把对这些问题的回答整合起来，形成整体理解和建构主题意义的结构框架，在这些结构化信息的基础上，发展了流畅表达主题意义的能力。

三、结语

基于主题意义探究有效开展英语阅读教学，教师要结合课标中的主题语境确定单元主题意义解读的角度，深度研读教材文本内容、主题词汇以及相应的学习活动，结合学情分析，解读文本中承载的主题意义探究的重点内容、探究的落脚点及关键点，为确定教学目标、设计学习活动提供依据。

由此次阅读教学改进实践可以看出，主题意义的理解和探究并非一次性生成，而是学生调动已有知识，在与文本、教师及同伴开展多层次、多维度不断互动的过程中逐渐达成的。教师要把主题意义探究贯穿于符合学生认知水平和语言水平的学习活动中，并确保各种活动之间的紧密关联及与主题意义的逻辑呼应，从不同角度丰富和深化学生对主题意义的整体理解，提升主题认知和应用实践能力，并对接、关联自己的认知和现实生活，促进思维和语言以及文化意识的融合发展。为此，教师要明确主题意义引领的方向，结合文本内容设计具体的学习活动，鼓励师生互动、生生互动，适时给学生提供认知的具体支撑，引发其思考，引导其形成对主题的新的认知，并整体建构、表达主题意义。

参考文献：

[1] 中华人民共和国教育部．普通高中英语课程标准（2017年版）[S]．北京：人民教育出版社，2018.

[2] 程晓堂．基于主题意义探究的英语教学理念与实践[J]．中小学外语教学（中学篇），2018，41（10）：1-7.

[3] [美] 安妮塔·伍尔福克．伍尔福克教育心理学（第12版）[M]．伍新春，张军，季娇，译．北京：中国人民大学出版社，2015.

[4] 李宝荣．基于主题意义的中学英语单元学习活动设计策略[J]．中小学英语教学与研究，2020（5）：18-22，55.

第二节 英语思维品质的培养

思维品质与英语教学

陶常娥[①]

思维是智力与能力的核心，作为个性心理特征的智力与能力是分层的。智力与能力的超常、正常和低常的层次，主要体现在思维水平上，培养思维品质是发展智能的突破口。[1]《普通高中英语课程标准（2017 年版）》（以下简称“新课程标准”）把思维品质列为高中英语学科核心素养之一，将思维品质定义为“思维在逻辑性、批判性、创新性等方面所表现的能力和水平”[2]，体现了英语学科教育对培养学生思维品质的重视，也说明了英语学科教学肩负着发展学生思辨能力的重要使命。

依据新课程标准编写的新教材体现了对学生思维品质的培育。譬如，北师大新版高中英语教材（以下简称“新教材”）内容丰富，涵盖了人与自我、人与社会、人与自然三大主题语境，涉及“做人与做事”“科学与技术”“文学、艺术与体育”等 32 个子主题，为学生思维品质的发展提供了丰富的教学资源。

教师在英语教学中，要从英语学科特点和英语学科中思维品质的内涵出发，根据学生思维发展的规律，深入研读教材语篇，用好教学材料，在英语教学中将语言学习与思维发展相融合，创造引发学生思考的情境，给学生提供在学习语言的同时观察、比较、分析、推断、解释、评价、创造的机会，增强学生思维的逻辑性、批判性和创新性，提高学生的思维品质。

一、高中英语教学中培养学生思维品质的意义

新课程标准指出，思维品质体现英语学科核心素养的心智特征。[2] 思维品质的发展有助于提升学生分析和解决问题的能力，帮助学生对事物做出正确的价值判断；有助于促进深度学习，帮助学生理解语言的内涵；使学生勤于思考，提高学生的学习能力。

① 陶常娥，北京市中关村中学教师。

（一）培养学生思维品质有助于落实立德树人根本任务

普通高中英语课程的总目标是：培育和践行社会主义核心价值观，落实立德树人根本任务，在义务教育的基础上，进一步促进学生英语学科核心素养的发展，培养具有中国情怀、国际视野和跨文化沟通能力的社会主义建设者和接班人。[2] 作为普通高中英语课程的具体目标之一，学生思维品质的发展水平直接影响其对教材主题语境和语篇理解的深度。学生只有经过深度思考，才能由被动地获取信息转变为主动地读懂观点、明白意图、体悟情感，真正领会仁人志士的敢为人先、中华文化的厚德载物，汲取人类创造的优秀精神文明成果，最终形成正确的价值观和道德情感，成为有文明素养和社会责任感的人。

（二）培养学生思维品质有助于提升学生英语语用能力

英语的学习需要接触大量的语言材料，若只靠死记硬背或教师"满堂灌"的讲解，学生难以真正理解。英语的理解建立在积极的心智活动的基础上，在英语学习中，教师要激发学生的思维，引导学生观察比较中英异同，总结概括英语语言特点；分析语言知识在具体语境中的使用，感受语言的表达力；通过积极的阐释、推断、评价等思维活动帮助学生在构建意义的过程中实现语言的内化，并逐渐掌握用英语准确得体地进行表达的技能，提升英语语用能力。

（三）培养学生思维品质有助于提高学生学习能力

具有良好思维品质的学生往往更善于思考，能主动分析自己在学习中遇到的困难，正确归因，找到解决的方法；能根据自己的学习特点比较、归类良莠不齐的学习材料，选择优质的资源，拓展学习渠道；能自我监控学习过程，持续评价学习效果，养成自我反思的习惯，不断调整学习策略；能转换视角，探异求新，创造性地解决问题，学会自主、合作和探究式学习。所以，培养学生的思维品质能够让学生成为积极的思考者、主动的探究者，使学生乐学、好学、会学，提高学生的学习能力。

二、高中英语教学中培养学生思维品质的教学实践

在日常教学实践中，引导学生进行系统的思维训练，包括观察、比较、分析、推断、阐释、批判评价、迁移运用、想象创造等，有利于培养学生的思维品质。下面笔者结合新教材，具体说明如何在英语课堂中进行思维训练。

（一）观察

观察是获取信息的一种高级活动。观，指看、听等感知行为；察，即分

析思考。所以观察不只是视觉过程，还包含着积极的思维过程。在教授新教材必修一 Unit 1 Lesson 3 "Your Life is What you Make it" 一课时，教师让学生先观察教材中的两幅图片（图 1、图 2），然后问学生 "What information can you get from the photos? "，学生能看出 "Zhang Tian works as a volunteer teacher" "The village school is very poor"；教师追问 "What would it be like to be a volunteer teacher there? "，学生回答 "It is very hard"；教师继续追问 "Look at their facial expressions. Why are they smiling? How do they feel? "。在这一过程中，教师带领学生观察图片，积极思考，不仅获取了表层信息，还激发了学生的阅读动机，为进一步探究语篇主题意义做了铺垫。

图 1 *Zhang Tian in the village school*

图 2 *Students in the village school*

（二）比较

比较是指发现不同事物间的联系与区别。通过比较信息间的异同，学生加深了对信息的理解。在教授新教材必修一 Unit 1 "Topic Talk" 时，针对练习 4（图 3），在讨论完三人的工作日常及优缺点后，教师让学生思考 "What do they have in common? "，大部分学生答 "They all lead a stressful life"，但有一位学生的回答让教师至今记忆犹新。这位学生说道："They never complain and they are happy." 听力中虽详述了三种职业的辛酸，但也提到了他们的感受，比如 "I have no regrets and I love solving problems" "Hearing people cheer you on is great" "I really enjoy that" 等。再如，新教材必修一 Unit 1 "Reading Club 1" 介绍英国的下午茶和广东的早茶，教师让学生绘制思维导图，找出两者的异同。表 1 和图 4 是两份学生作品，清楚地呈现了两种文化形态。可见，比较信息间的异同可以让学生进一步发现问题的实质，把握问题的关键。

4 Listen to the dialogue. Three people are interviewed about their lives. Complete the notes below. Then, take turns to talk about their life choices.

	Bob	Fred	Ms Johnson
Job			
Work Schedule			
Positives About the Job			
Negatives About the Job			

图 3　练习 4

表 1　英国下午茶与广东早茶的异同

	Afternoon Tea	Yum Cha
similarities	1. Both have snacks and tea 2. Both are popular	
differences	1. Between breakfast and supper 2. At home 3. Because they are hungry 4. With friends 5. In England	1. In the late morning 2. In restaurants 3. To provide rest for weary travellers along the silk road 4. With family 5. In China

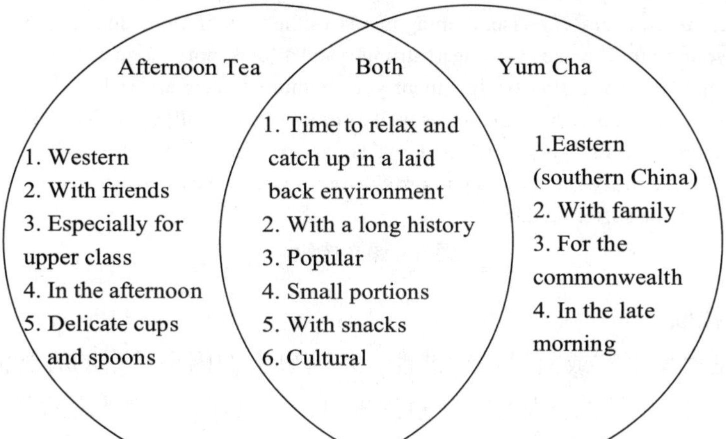

图 4　英国下午茶与广东早茶之异同

（三）分析

分析是指将观察对象的整体分为各个部分，厘清各部分之间、部分与整体之间的复杂关系的高阶认知活动。新课程标准倡导主题引领下的语篇分析，以此解决教学碎片化现象。新教材中有很多教学设计践行了这一理念。在教授新教材必修一 Unit 2 Lesson 1 “The Underdog” 一课时，在学生读完第一部分对 Paul 的介绍后，教师提问教材活动 3 “What were Paul's advantages and disadvantages as a basketball player? ”，让学生分析 Paul 的身体条件、精神品质与篮球运动员间的关系；随后教师追问 “Was it likely for Paul to become a successful basketball player? ”，推动学生进一步思考语篇内在错综复杂的关系。

教师也经常让学生从写作的角度分析语篇结构和语言特点，如在教授新教材必修一 Unit 2 Lesson 3 时，选取了第三段文字（图 5），让学生分析 “How does the writer introduce the benefits of running”，学生通过分析句子间的关系，得出“主题句 + 支撑句”的段落写作模式；教师继而让学生分析本段的用词特点，得出本段通过选用多样化的动词（如 prevent，provide，increase，allow，reduce 等）和词性转换（如 give you strength，make your heart strong，strengthen your immune system 等），实现了语言表达的丰富性和层次性。所以，英语教学中，教师引导学生分析语篇各部分间的内在关系，有助于促进学生深度学习，实现学生思维品质的发展。

You are also somebody who worries about getting sick.Running will help you get fit and prevent diseases.It will give you good upper and lower body strength. Like any exercise, running increases the flow of blood and oxygen to your brain. It makes your heart stronger and allows more blood to flow around your body. It also strengthens your immune system and reduces the risk of serious health problems, as well as more common illnesses like colds. Besides, anybody who is feeling down can go for a run to cheer themselves up. Even a thirty-minute run will provide relief from aches or tension that you may be suffering due to stress.

图 5　课文选段

（四）推断

推断是根据事实或前提进行推理、判断事实的因果关系的心智活动。教材中，我们读到的语篇都是作者经过深思熟虑，想好如何表达之后展现给我们的成品，是作者思维的结果。我们想要明白作者的真正意图和真实情感，需要“倒回去”思考作者为什么要这么写。这个思维过程就是推断。在教授新教材必修一 Unit 1 Lesson 3 时，教师先让学生梳理 “What did Zhang Tian do in the village school? ”，学生能找出 “Besides teaching English, Zhang Tian introduced music, art and PE; he is planning to organize the first-ever concert.”；紧接着，教师让学生思考 “Why did he do so? ”，学生给出了课本中的原话 “To make school life healthier and livelier for his students."；教师追问"How did the students feel when life became livelier?"，学生回答"Happy."；教师让学生继续思考为什么张天要在乡村小学实施这些活动，引导学生进行推断。学生的回答令人惊喜："He wanted to give them a chance to enjoy life, to have dreams, to embrace their future."这说明学生在主动的探究中感悟到了志愿精神的真谛。有理有据的推断可以使学生透过语言文字领会作者所传递的思想价值，并提升学生的思维品质。

（五）解释

解释是在观察的基础上进行思考并合理地说明事物间的联系及变化的原因等。在英语课堂上，笔者经常让学生解释某个词、某句话在具体语境中的使用。比如，新教材必修一 Unit 1 Lesson 1 中，学生解释第一篇最后一段最后一句"Actually, I do know I need to drag myself away from the online world."中"drag myself away"的含义。通过分析 Joe 的生活状态"The online world is a big part of my life. I am a digital native.""My parents are worried that I may become an Internet addict."，学生得出"Joe doesn't want to stop going online but he has to."，由此，学生领悟了此处的"drag"并不是"to pull sb./sth. along with effort and difficulty"，而应解释为"to persuade sb. to come or go somewhere they do not really want to"。"思维能力唯有当思维活动产生之际，学习者才能作为一种经验，得以体悟"[3]，也只有悟透了之后，学习者才能会使用。新教材中有很多解释标题或句子的活动，如必修一 Unit 1 Lesson 3 活动 6 中的"How do you understand the title of the report 'Your Life is What you Make it'?"，以及 Unit 2 Lesson 3 活动 7 中的"Explain the statements in your own words. (1) There is also no better way to know yourself and to see what you are capable of. (2) Running trains your mind as well as your body."，等等。英语课堂中的解释可以帮助学生深刻理解语篇，把语言学习和意义探究融为一体，有助于学生丰富个人经验。

（六）评价

评价是指能收集、评估相关信息，以开放的头脑进行思考，清楚准确地表达自己的观点。在当今知识爆炸的时代，信息冗杂，盘根错节，真伪难辨。在课堂教学中，教师带领学生对所读、所听、所看事物的真实性、准确性、思想及价值进行个人判定，引导学生抓住要领，质疑辨析，形成正确的价值评判非常重要。在阅读完新教材必修一 Unit 1 Lesson 1"Lifestyles"一课后，师生一致认为"Joe needs to cut down his time online, although online world has brought him a lot of convenience.", "Li Ying needs to spare more time for entertainment or with friends, which is a big part of our life and can also promote study."。评价 Joe 和 Li Ying 的生活方式的活动也促使学生反思自身，从而调整自己的节奏，追求健康向上的生活。在读完必修二 Unit 5 Lesson 3 "Race to the Pole" 后，教师让学生思考 "Would you say Scott and his team were heroes? Why or why not? "。有学生认为 "They are heroes for their bravery, courage and contribution.", 也有学生认为 "They are not heroes for their failure is triggered by lack of preparation."。针对学生的不同观点，教师让大家重新思考 "what is a hero? Are heroes perfect? ", 引导学生抓住关键问题，客观公正地做出评价。读完必修二 Unit 4 Lesson 3 "Internet and Friendships" 后，教师让学生思考 "Does the internet help or harm friendships? ", 在生生之间的质疑与批判中，学生对事物的认识和判断力得以提高，学会了以理性的方式思考和行动，正所谓 "博学之，审问之，慎思之，明辨之，笃行之"。课堂中教师组织学生开展基于语篇探究主题意义的评价活动，有助于学生塑造正确的价值观和人生观。

（七）应用

应用是指把在一种情境中学得的知识、技能、态度等运用到另一种情境中去。成功的英语课堂教学应该通过创造具体的情境，让学生有机会运用学到的语言知识。比如，新教材必修二 Unit 4 Viewing Workshop "Publishing in the Digital Age" 以回文诗的形式陈述了纸质书不会被电子书代替。课堂上分析完回文诗的特点后，教师鼓励学生创作一首回文诗。图 6 是学生的作品。每学完一个新的语法点，教师也会根据单元主题设置任务情境，让学生在写作中运用相关表达。比如，必修一 Unit 1 "Life Choices" 中，教师让学生 "describe your ideal lifestyle with at least three different uses of infinitives", Unit 3 "Celebrations" 中让学生 "record your most impressive celebrations with at least three sentences in passive voice"；必修二 Unit 6 "The Admirable" 中让学生 "introduce a superhero in real life that you admire with at least three relative clauses"。在语言实践中，学生深入思考语言形式与语言意义的关系，这有助于培养学生的语言运用能力，最终实现用英语做事情的课程目标。

Did you see
The darkness
Killing
The stars
The snow
Covering
The leaves
There is hope
But
I can't see

图6 学生创作的回文诗

（八）创造

创造是指发现新规律，发明新产品，运用新方法，解释或解决新问题。教师要勇于打破常规，设计新颖的教学任务以发展学生的创造性思维。在学完新教材必修二 Unit 4 Lesson 2 "Apps" 后，教师让学生自己设计一个小程序以解决现实生活中的一个实际问题。学生的奇思妙想让人惊叹。有学生说 "I want to design an app that can monitor people's heart rate, respiration, and blood pressure and it will call the hospital and people's family when they are in danger."，也有学生说 "I will create an app that can lock the phone at the time you set in advance to control the time you spend on your phone."，还有学生说 "I will design a 'Cultural Relic Recognition Helper' where you can get key information about the relics as long as you take photos of them."。当学生能创造性地使用语言进行自我表达时，就会发现学习英语的乐趣并获得稳定而持久的学习动机。创造离不开想象，日常教学中教师要善于发现学生思维中的闪光点，保护学生的好奇心。培养学生的创造能力同样有助于促进学生思维品质的提升。

思维品质是指我们在国际舞台上能否做有效、有逻辑性、有层次和有深度的交流，而这一品质的培养恰恰是我们外语教育或者基础教育重视不够的地方。[4] 语言与思维的关系十分密切。学习和使用语言要借助思维；同时，学习和使用语言又能够进一步促进思维的发展。[5] 在日常教学中，教师应更加突出英语学科的人文性，发展学生的思维品质，培养学生的人文素养。同时，语言能力是英语学科核心素养的基础要素，教师切忌为了思维而思维，脱离语言学习强行拔高学生的思维层次。正如钟启泉教授所说，在学校的课程与教学中，基础的、基本的知识“习得”与借助知识技能的“运用”培育思考力、判断力、表达力，应当视为“飞机的双翼”，同样得到重视。[3]

参考文献：

[1] 林崇德 . 培养思维品质是发展智能的突破口［J］. 国家教育行政学院学报，2005（9）：21-26，32.

[2] 中华人民共和国教育部 . 普通高中英语课程标准（2017 年版）［S］. 北京：人民教育出版社，2018.

[3] 钟启泉 . 基于核心素养的课程发展：挑战与课题［J］. 全球教育展望，2016，45（1）：3-25.

[4] 张连仲 . 新一轮课改背景下国际化人才培养的思考［J］. 英语学习，2016（2）：48-49.

[5] 程晓堂 . 英语学习对发展学生思维能力的作用［J］. 课程 · 教材 · 教法，2015，35（6）：73-79，127.

基于主题意义探究的学生思维品质培养实践研究

孙 娜[①]

《普通高中英语课程标准（2017 年版）》指出：在以主题意义为引领的课堂上，教师要通过创设与主题意义密切相关的语境，充分挖掘特定主题所承载的文化信息和发展学生思维品质的关键点，基于对主题意义的探究，鼓励学生学习和运用语言，开展对语言、意义和文化内涵的探究；同时，通过中外文化比较，培养学生的逻辑思维和批判性思维，引导学生建构多元文化视角，树立正确的世界观、人生观和价值观，实现知行合一。

传统的英语阅读教学往往只关注对语言基础知识层面和表层含义的理解，没有关注对文本深层内涵的挖掘，忽视学生思维的发展，不利于学生思辨能力和创新能力的培养。基于此，笔者在高中英语阅读教学中，聚焦单元的主题语境，基于主题意义，选取恰当的阅读材料，深度解读英语阅读文本，以思维训练为重点，设计能够开发学生思维的问题和活动，通过文本阅读培养学生的观察、辨析、梳理、概括、分析、推断、比较、创新等思维能力。本文将通过具体的阅读课教学研究实例，阐述如何基于同一主题意义进行多元文本阅读，搭建有助于思维品质培养的阅读教学模式。

一、挖掘主题意义的内涵

挖掘主题意义是进行这一课例研究的根本。本课例是北师大版高中英语教材必修模块一第二单元“Heroes”，主题语境是人与自我，主题群涉及生活与学习、做人与做事。对于高一学生来说，随着年龄的增长，相比初中学段的学生，他们有了更多的独立思考能力，有了一定的思辨意识，语言功底也愈加深厚，这有利于他们进行深层次的主题意义挖掘。而“英雄”这一主题之于他们，仿佛离得很远，他们对于这一概念的界定和理解也不是很明确。他们有自己崇拜的人物，但是否能称其为英雄呢？英雄的内涵到底是什么？英雄的特质是什么？这些都是本课例要解决的问题。树立正确的人生观和价值观，包括有正确的英雄观，这对青少年学生的身心健康成长和未来的发展非常重要。

---

① 孙娜，北京市一零一中学英语教研组组长，中学高级教师，北京市英语骨干教师。

本单元包括三个阅读文本和一个听力模块的文本材料，分别介绍了航天英雄杨利伟、政治领袖马丁·路德·金和孙中山、体育明星威廉姆斯姐妹、超人的扮演者演员 Christopher Reeve 等人物。这些英雄都是大家熟知的伟人或成功人士，他们为国家、为民族不懈奋斗，成为人们敬仰的英雄和学习的榜样。主题意义很明显，即学生通过对本单元内容的阅读、学习、理解、思考和思辨，在了解“人”的同时反思“自我”，帮助他们真正认识英雄的内涵，了解英雄，感受英雄，学习英雄，树立正确的价值观和人生观。无疑，这是高中生成长中一个重要的主题。

这一主题意义规约了语言知识和文化知识的学习范围，为语言学习提供了意义语境。学生对主题意义和语篇理解的深度，直接影响着学生的思维发展水平。所以，教师对文本的选择、处理和活动设计尤为重要，要体现深度学习，关注思维发展。

二、围绕主题意义，深入研读语篇

阅读教学中的语篇是教学的基础资源，赋予语言学习以主题、情境和内容，并以其独特的逻辑结构、文体特征和语言形式组织和呈现信息，服务于主题意义的表达。

在本课例中，通过对课文文本的阅读，学生很容易把握文章主题，梳理文章脉络，厘清文章思路，对“英雄”这一概念也能很快形成直观的认识。但是，这些不足以让学生对“英雄”这一概念获得多元和全面的认识，发展批判性思维。基于本单元的主题意义，笔者补充选择另外 4 篇文本。这些文本的共同点是：（1）都是偏记叙性的文章，通过此类文本的阅读学习，学生能够学会阅读记叙性文章的方法和技巧，学会如何梳理故事脉络、厘清人物关系、分析人物性格，学会总结和推断，体会文体功能；（2）文本内容与主题意义一致，都是讲述来自不同文化、不同时代、不同意义的英雄人物，内容涵盖更多层面、更多角度，让学生了解不同文化中对英雄的理解，以此提高自己的判断力和思辨能力；（3）文本是原汁原味的英文文章，语言表述地道，是语言学习和思维培养的良好载体；（4）文章难度适中，具有一定挑战性，可以激起学生兴趣，有利于主题意义的深入和活动的开展。

除了共同点，这 4 篇文本又都有着各自的语篇特色。

文本一：“The Code Talker”讲述“二战”期间美国与日德战争中的密码战。美国军队的密码屡屡被日军破解，美军受到重创。美国人雇用了 the Navajos，他们的 Navajo 语言只有极少数人使用，用 Navajo 设立的密码更是无人能解。于是，这些人参与了战争，并帮助美国赢得了战争。战后的很长一段时间，他们都必须保持沉默，直到战争结束的25年（1971年）之后，这些无名英雄才受到嘉奖和世界人民的赞扬。普通人在战争中勇敢地为国家牺牲、奉献，战后默默无闻，他们能被称为英雄吗？

文本二："Sailing into the Unknown: Ferdinand Magellan"讲述航海家麦哲伦的环球航行。本文介绍了麦哲伦以不凡的勇气和意志完成了人类历史上第一次环球航行，以及航行过程中的经历和他的客死他乡。大家都熟知麦哲伦海峡是以麦哲伦命名的，他被称为"第一个拥抱地球的人"，他是不是英雄呢？

文本三："Fighting the Good Fight: Emmeline Pankhurst"讲述英国女性解放先驱Emmeline Pankhurst为妇女争取选举权所做的艰苦努力。她采取集会、示威游行、有节制的暴力行动、自杀式反抗、狱中集体绝食等各种方式为妇女争取权利，斗争艰难而痛苦。第一次世界大战的爆发使人们转向了战争，在战争中妇女们积极参与和无私奉献，故在1918年妇女拥有了选举权，她被誉为英国"妇女选举权之母"。她算是英雄吗？

文本四："Stop the Train"讲述一个雷雨之夜，一座大桥被损毁，一个小女孩Kate不顾个人安危，在大雨中跑到车站，阻止了火车的前行，拯救了旅客。那座桥被重建后以她的名字命名。她是你心目中的英雄吗？

三、指向思维品质培养，设计教学活动

（一）设计依据

本课设计依据中学生英语学科能力框架（图1）。中学生英语学科能力框架清晰地阐明了学生英语学习要达到的不同层级的能力，从低阶思维到高阶思维，从知识的学习理解到应用实践，继而到迁移与创新。

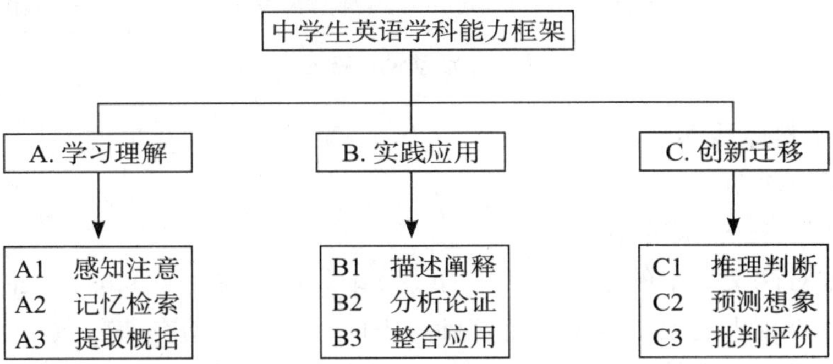

图1　中学生英语学科能力框架

（二）设计思路

学生在阅读过程中并不是消极地接受与索取意义，而是联系自己已有的知识和经验，积极主动地发现和建构意义，乃至创造意义。笔者在深度解读英语阅读的文本的基础上，从“学习理解—实践应用—创新迁移”几个层次，针对本课例设计了一系列融语言、文化、思维于一体的学习活动，让学生积极主动地进行英语学习和思考，培养学生的批判性思维能力。

活动设计的整体路径如图 2 所示。

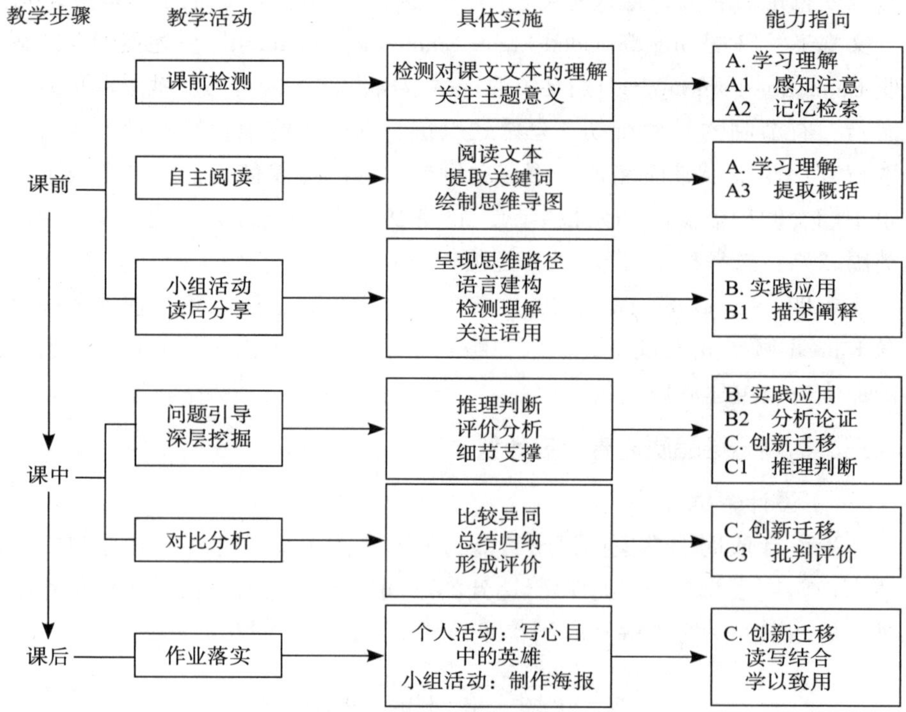

图 2 活动设计路径

（三）具体活动

1. 课前活动

（1）任务一：课前检测

通过对课文文本的学习，学生对“英雄”这一主题意义的相关内容已有了解，在语言表达上也有了一定基础。因而，教师不妨在课前做一个对“英雄”这一概念理解的小测试（表 1），以此检测学生对课文文本知识的掌握情况，并为后面的文本阅读提供设计依据。

表 1　课前概念理解测试

	Character	What have you known about him/her?	Do you think he /she is a hero /heroine? Give reasons.
Lesson 1			
Lesson 2			
Lesson 3			
Lesson 4			

（2）任务二：自主阅读

课下阅读文本，描绘思维导图，让学生厘清文本脉络。基于学生已有的关于“英雄”这一主题的知识和经验，帮助学生激活大脑中已储存的相关知识和经验，引导学生通过自主阅读，获取、整合、梳理信息，找出关键词，绘制思维导图，直观地展示学生的理解程度和思维深度。

以文本一为例，图 3 是一个学生画的“The Code Talker”的思维导图，从 background，the Navajo code，helping win the war，after the war 几个角度，采用发散式的图示，清楚地梳理了故事的几个方面，有充分的细节支撑，直观、清楚、明了，反映了学生清晰的思维脉络。

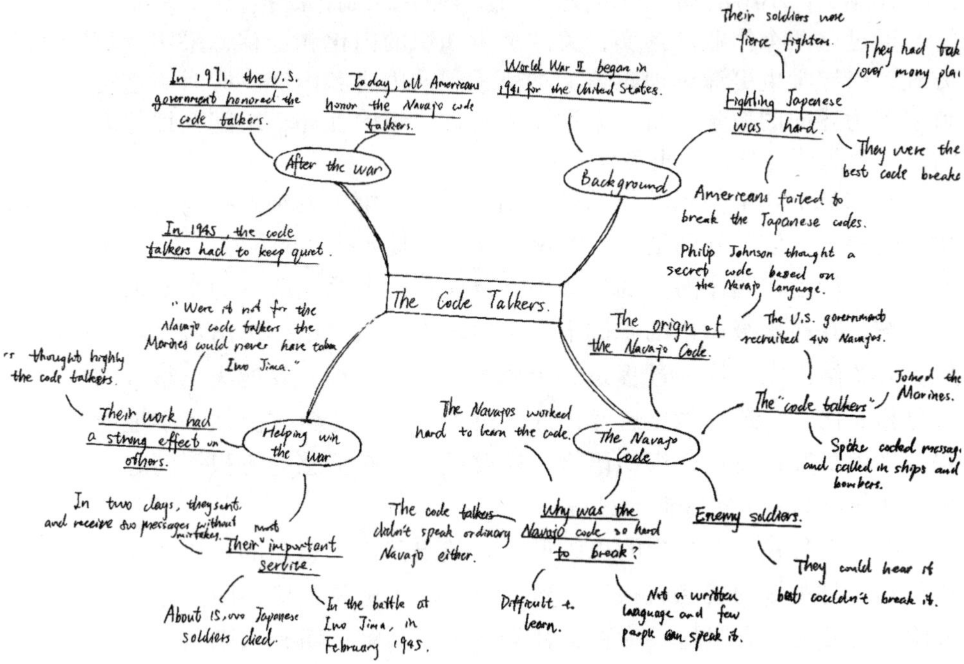

图 3　“The Code Talker”思维导图

2. 课中活动

（1）任务一：小组活动，读后分享

分享几篇文章的思维导图，每组选取一篇文本的思维导图用幻灯片进行展示，由学生来解释自己的思维导图。在这个过程中，学生通过互相分享、思想碰撞，了解不同的思维路径。同时，学生通过组织语言、构建英语思维、用口语表达出自己的思维过程，实践应用文本信息。

（2）任务二：问题引导，深层挖掘

深入分析文本，让学生形成自己对本文英雄的评价，并从文本中找出细节支撑自己的观点。

Q: Do you think he or she is a hero/heroine? List the evidences.

（3）任务三：对比分析，总结归纳

比较几个文本中英雄的相同点和不同点，并用三个词总结或概括英雄的特质。集体讨论，对以下两个问题的答案达成共识。

Q1: Find out the similarities and differences among the heroes/heroines described in the four passages.

Q2: Summarize the special features of "hero" by using three adjectives.

3. 课后活动

作业一：自主作业，小写作——你心目中的英雄。

作业二：小组活动，组内交流，综合意见，制作海报。

通过这两个作业的落实，关注学生知识的内化和迁移，采用读写结合的方式，引导学生更深刻地感悟文本所承载的内容和内涵。同时，这也是以学科素养为导向的教学评价，采取个人自评、组内互评、组间互评等方式，最后由学生集体打分，评出最佳海报。

例如某个学生小组的作品是一幅海报，介绍了英雄人物周恩来、南丁格尔、爱迪生，他们分别是主要国家领导人、救死扶伤的护士、20 世纪伟大的科学家。学生在制作海报的过程中，首先要对本单元所学的文本内涵有深刻的理解，并在班级讨论的基础上，小组再次深入讨论，选出自己心目中的英雄，介绍给大家。这一过程是一个思维训练的过程，要搜集、整合信息，进行分析、比较，最后做出选择；这一过程也是一个全方位训练学生能力的过程，学生要筛选重点，组织语言，还要设计具有美感的海报；同时，这也是项目式学习的一个实践活动过程。

在教学过程中，学生的思维通常是超出我们的想象的。比如，学生对麦哲伦是不是英雄的看法就很不一致，有人认为他是英雄，因为他克服了千难万险，有毅力、有坚持，为人类社会做出了贡献；而有人则认为，他不是英雄，因为他残忍，为达到目的不择手段。又如，对于 Navajo 人的看法，有人认为他们是我们应该学习的无名英雄，在国家需要的时候挺身而出；而有人却认为他们只是做了自己应该做的事情，不能称其为英雄。在阅读了所有的文本，进行了深刻的思考和深层的挖掘之后，大家开拓思维，各抒己见，畅所欲言，最终形成了共同认可的英雄的特质：brave（勇敢的）、devoted（奉献的）、kind-hearted（善良的）。这三个词涵盖了更深层的主题意义——英雄之所以被称为英雄，就是要有勇气面对困难和挑战，具有利他的大情怀，敢于为国家、为他人奉献和牺牲。

学无形，思无疆，教无痕。倡导基于主题意义的英语文本阅读，是为改变脱离主题意义的知识学习，将知识学习与技能发展融入主题、语境、语篇和语用之中，指向学科核心素养的培养，引导学生学会阅读、学会学习，促进学生文化理解和思维品质的形成。

英语阅读教学中思维品质培养的问题与路径探索

江　霞[①]　陈　俊[②]

《普通高中英语课程标准（2017 年版 2020 年修订）》（以下简称“《课标》”）把学生的思维品质列为英语学科核心素养之一，提出通过高中英语课程的学习，学生应达到的思维品质发展目标是：能辨析语言和文化中的具体现象，梳理、概括信息，建构新概念，分析、推断信息的逻辑关系，正确评判各种思想观点，创造性地表达自己的观点，具备多元思维的意识和创新思维的能力。[1]

阅读课是高中英语教学中的一种重要课型。在英语阅读教学中，基于对语篇的感知与注意、获取与梳理、概括与整合，深入语篇的描述与阐释、分析与判断、内化与运用，超越语篇的推理与论证、批判与评价、想象与创造等学习活动，体现了思维进阶的过程。[1] 英语阅读教学是发展学生思维品质的主要阵地。

一、高中英语阅读教学的现状

在当前的高中英语阅读教学中，应试教育的痕迹依旧明显，很多教师在教学时习惯性地割裂文本语言、内容和思维，一节阅读课结束后，留在学生大脑中的往往是一些语言知识，学生对文本的主题意义和主要内容缺乏总体的认知，无法领悟到作者的写作意图，对文本的体裁、结构等认知也很模糊，在今后遇到类似的情境时，很难创造性地表达自己的观点和态度。这样的阅读教学过程呈现出较为典型的碎片化、表层化和模式化的特征，不利于学生思维品质的发展，或者仅仅局限于对学生低阶思维的培养。造成这种阅读教学现状的主要原因有以下几个方面。

（一）文本解读角度单一

在传统教学理念下，由于课堂时间有限，教学任务重，教师解读文本的视角往往比较单一。大部分教师在进行阅读教学时首先关注的是语篇中呈现

① 江霞，安徽省安庆市田家炳中学教师，安徽省安庆市学科带头人。

② 陈俊，安徽省安庆市教育教学研究室，特级教师，正高级教师。

的重点词汇的用法、句型的结构和含义、语法现象等知识性内容，然后以此为中心设计出该文本的教学过程，缺乏对文本主题意义的探讨和对作者写作意图的分析，至于语篇的文体特征、篇章结构以及语言特点等，则涉及得更少。这样的教学设计无法促进学生思维品质的发展，也没有发挥出阅读教学应有的价值和作用。

（二）信息缺乏整合关联

在传统的英语阅读教学中，教师的作用主要是帮助学生梳理、获取文本的语言知识和表层信息。受应试思维的影响，在完成一篇文章的阅读教学后，即使时间富余，教师也宁愿花更多的时间复习或强调讲过的语言知识，而不会选择进一步引导学生从内容或结构上分析语篇内部的逻辑关系，也没有在零散的信息之间建立起一定的关联，导致学生与文本之间缺乏深度的互动，获取的大多是碎片化的知识，思维活动停留在较低的层次上。

（三）课堂提问设计不当

在阅读教学中，教师一般都会设计一系列的问题推动阅读活动的开展，但如果问题设计不当，就会造成课堂提问出现诸多不足。例如，问题之间缺乏必要的关联性，前一个问题没有为后一个问题做好铺垫，或者后一个问题的跳跃性太强，学生反应不过来；问题缺乏层次性，大部分的问题都是展示型问题，根据文本的表层信息即可获得答案，对学生来说缺乏挑战性，体现为对文本深层理解的参阅型问题和评估型问题占比较低；在设计问题时，教师给学生搭建的语言输出支架太少，学生很难将答案用英语表述出来，导致出现教师只能自问自答的尴尬局面。很显然，这样的问题设计对学生高阶思维的培养很难起到促进作用。

二、聚焦思维品质发展的高中英语阅读教学路径探索

随着《课标》的颁布和各级各类教师培训活动的开展，教师开始普遍重视在英语阅读教学中融入促进思维品质发展的理念，但是在具体操作中还存在着一定的困惑。本文以北师大版高中英语教材为例，探索在阅读教学中发展学生思维品质的主要路径。

（一）多元化解读文本

《课标》提出了指向学科核心素养发展的英语学习活动观，明确了英语学习活动是英语课堂教学的基本组织形式。[1]学习活动观理念下的英语阅读教学，涉及的语篇主要有记叙文、说明文、议论文、应用文等连续性文本。从培养学生思维品质的角度来看，阅读教学是一个发展学生多元思维的过程，

教师对文本的多元解读是这个过程的逻辑起点。[2]

如何多元化地解读文本呢？根据《课标》的教学实施建议，教师深入研读文本是多元化解读文本的重要前提。每个文本都有其特有的主题语境、内容结构、文体特征、语言特点、作者意图等值得赏析的因素，教师对文本理解的深度影响着学生思维发展的高度。《课标》建议，教师在解读文本时要回答三个问题：第一，回答“What”的问题，即文本的主题和内容是什么；第二，回答“Why”的问题，即作者的意图、情感态度或价值取向是什么；第三，回答“How”的问题，即文本的文体特征、内容结构和语言特点等是什么。[1]下面以北师大版高中英语教材必修模块5第13单元第1课“Success Comes with a High EQ”为例，探讨文本的多元解读。

首先，回答“What”的问题。“Success Comes with a High EQ”的主题语境是“人与自我”，涉及“生活与学习”主题群下的子主题。作者先从智商（IQ）测试说起，谈到大部分的学生都认为是智商决定着他们人生发展的趋势；然后根据一项新的研究结果引出话题，即成功并不仅仅是高智商的结果；接下来，作者引用Salovey教授的观点，即在预测一个人未来是否成功时，情商（EQ）比智商重要；再通过Mayer教授的研究，说明人的情商有提高的可能性；最后，作者总结自己的观点：情商即使不比智商重要，至少也跟智商一样重要。

其次，回答“Why”的问题。该文本的深层含义是什么？教材的编者为何把这篇文章放在模块5的第一个单元？在北师大版高中英语教材中，模块5是最后一个必修模块，之后都是选修模块。模块5包含的三个单元主题分别是People、Careers和Learning，由此我们可以看出，作为必修最后一个模块的内容，编者的设计意图很明确，就是要让已经进入高二的英语学习者学会认识自我、规划未来职业方向，要善于学习，树立终身学习的理想信念。“Success Comes with a High EQ”一文的作者想要向读者传递这样的信息：一个人未来的成功源自高情商，而且情商有改变的可能性。

最后，回答“How”的问题。“Success Comes with a High EQ”是典型的议论文体，标题就是文本的中心论点：成功源自高情商。文章一共有七个段落。作者在首段引出话题，即成功并不仅仅是高智商的结果。第二、三段提出观点——情商比智商重要，并举例予以论证。第四段通过对比说明高情商与低情商的人对待人生的不同态度以及不同的人生境遇。第五、六段论证情商是可以改变的事实。最后一段作者总结全文：情商即使不比智商重要，至少也跟智商一样重要，同时建议学校要确保为学生提供其真正需要的教育，也提醒了教育者们，学生的未来不完全由智商决定。

基于以上对文本的多元化解读，教师在设计课堂教学活动时，可从三个角度确定学生的思维品质发展目标（表 1）。

表 1 基于文本解读的学生思维品质发展目标设定

Success Comes with a High EQ			
文本解读		思维品质发展目标	活动层次
What	文本的主题语境是人与自我，涉及“生活与学习”主题群下的子主题。讨论话题：成功源自高情商	引导学生关注主题意义，梳理、概括、整合文本的表层信息，形成整体阅读意识，培养逻辑性思维	学习理解类
Why	启迪学生：一个人未来的成功源自高情商，而且情商有改变的可能性	引导学生深入阅读，分析、判断作者的写作意图，评价作者的观点，培养批判性思维	应用实践类
How	典型的议论文体，标题就是文本的中心论点。文本共七段，采用“总—分—总”的结构，论证情商的重要性	引导学生赏析文体特征、写作手法，在新情境中创造性地表达观点，培养创新性思维	迁移创新类

（二）建构结构化知识

教师在设计学习活动时，要善于利用多种工具和手段，教会学生归纳和提炼新的知识结构。《课标》在研读语篇的教学建议中提供了教学案例，其中就有根据文本建构的信息结构图和结构化知识图。建构文本的结构化知识与锤炼学生的思维品质紧密协同，[3] 学生需要调动感知、注意、获取、梳理、概括与整合等逻辑性思维，才能重组文本的细节信息。

信息结构图将文本中零散的信息通过时间、空间或其他顺序建立起一定的关联，帮助学生厘清文本的主要内容和内在的逻辑关系。结构化知识图根据主题归纳和提炼文本的重要信息，让学生看到文本的主体框架和行文思路，避免阅读过程的碎片化，有助于学生在创设的新情境中运用新的知识结构，创造性地表达观点，培养学生的批判性思维和创新性思维。

建构结构化知识并不是指建构文本中的词汇、句型或语法方面的语言知识，而是要建构文本所承载的主题意义和文化知识，引导学生关注文本中的重要信息及它们之间的关系，这有利于学生多元思维的发展。建构结构化知识要求教师引导学生先关注文本内容的内在逻辑关系，借用恰当的图形实现知识的整合。如图形组织器（Graphic Organizer），就是用结构化图形的方式组织重要信息、概念或话题，体现信息之间的逻辑关系。[4] 它没有统一的模板，可以用不同的图形样式展示文本内在的各种逻辑关系，包括因果关系、论证关系、问题与办法、时间与事件、流程与次序等。教师要结合教学目的、学生心理特点和学生学习的实际需求，合理选择与运用恰当的图形组织器。[5]

“Success Comes with a High EQ” 是一篇典型的议论文，学生在此之前接触的文本主要是记叙文和说明文，所以在建构该文本的信息结构图时，教师首先要引导学生梳理文本的宏观架构与细节逻辑，搭建结构图的框架，提供部分信息，然后引导学生独立或合作完成其他信息（图 1），再引导学生建构结构化知识图（图 2）。学生通过提取图 1、图 2 的关键信息进行口头或书面的表达，实现思维品质的提升。

建构文本的结构化知识是信息可视化的一种形式，能帮助学生厘清文本中复杂信息之间的内在关联，关注作者的写作意图和不同文体的写作特征，领会文本背后的价值取向。建构结构化知识需要教师在深入解读文本的基础上，熟悉结构图的建构策略，在学生掌握了一类文体的结构框架后，引导他们通过自主、合作、探究的学习方式建构不同模式的结构化知识图。Barron 指出，让学生自主建构结构图，更能激发学生的学习动机并提升学生的思维层次。[6]

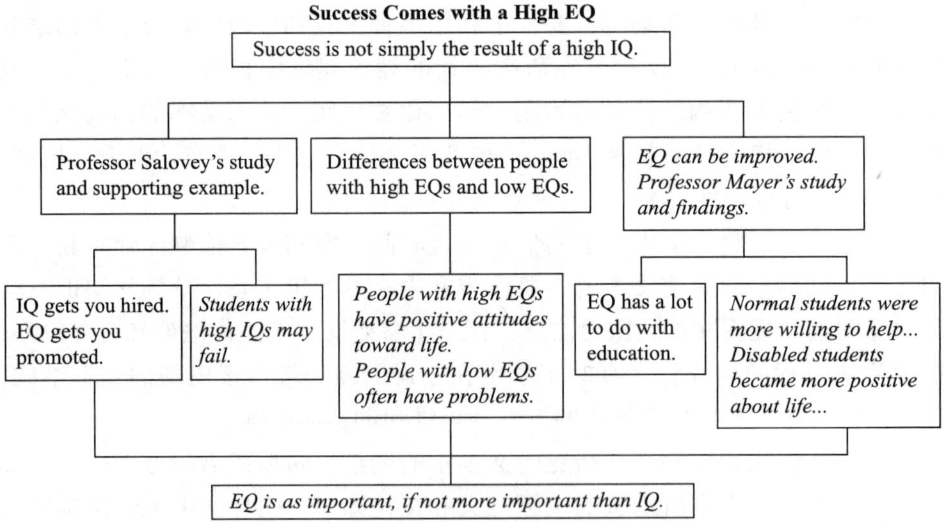

注：斜体字和省略部分是需要学生填写的信息。

图 1　“Success Comes with a High EQ” 的信息结构图

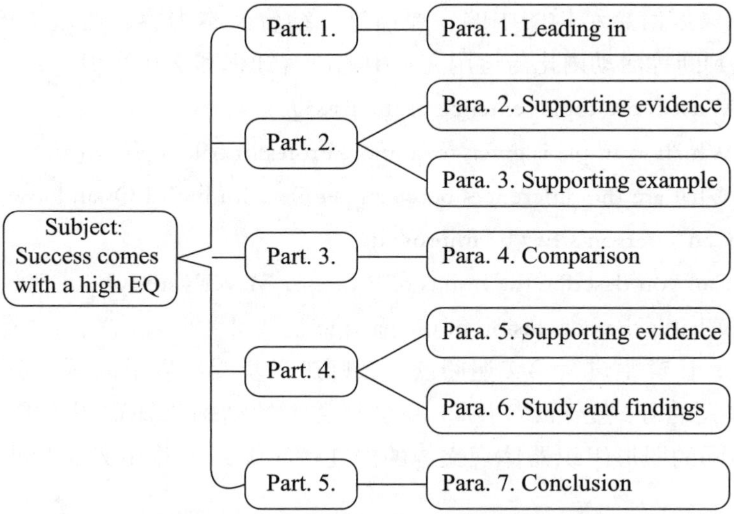

图 2　“Success Comes with a High EQ”的结构化知识图

（三）设计合理问题链

问题作为“脚手架”，是启发学生阅读过程中思维的工具。[7] 阅读教学的过程主要包括三个阶段：读前、读中、读后。基于以上对“Success Comes with a High EQ”文本的深入解读和结构化知识的建构，笔者尝试根据三个不同阶段的特点设计该文本的问题链，探索指向学生思维品质发展的路径。

在读前阶段，教师让学生先做一个小测试，感知智商和情商的不同之处，然后提出三个问题：

Q1: What is IQ?

Q2: What is EQ?

Q3: Which is more important，IQ or EQ?

前两个问题简单、易懂，学生可以根据已有的知识和经验组织语言回答，也可以从文本中找到原句作答。通过感知与注意、获取与梳理的思维活动，学生调动储存在大脑中与文本相关的背景知识，提取文本的表层信息进入阅读的主题。第三个问题要求学生进行预测和评判的思维活动，旨在激发他们进一步阅读的期待和兴趣。

读中阶段，也是处理文本的重要阶段。在这一阶段，教师主要通过引导学生完成信息结构图和设计结构化知识图来达到理解文本主要内容、挖掘文本内涵、促进学生思维品质发展的目的。首先，让学生进行第一遍阅读，通过“扫读”完成信息结构图中所缺的部分（图 1）。其次，教师设计如下问题，鼓励学生根据信息结构图中的主要信息，结合文本内容，通过描述、阐释、分析以及判断等活动内化与运用文本中的语言知识和文化知识。

Q4: What is the topic sentence of the passage?

Q5: Which example is given to support Professor Salovey's research?

Q6: What are the differences between people with high EQs and low EQs?

Q7: Can a person's EQ be improved?

Q8: Can you describe the results of Professor Mayer's study?

Q9: What is the conclusion of the passage?

再次，让学生进行第二遍阅读，教师进一步提出以下问题，引导学生通过合作探究的方式分析、判断，并绘制文本的结构化知识图（图 2），鼓励学生用不同的图形组织器体现文本的内在逻辑关系，并在课堂上进行展示和描述。

Q10: What is the genre of the passage?

Q11: How many parts can the passage be divided into?

Q12: What is the main idea of each part?

在读后阶段，教师引导学生回到文章的标题，领会作者的写作意图，然后创设一个新的情境，让学生基于新的知识结构，创造性地表达自己的观点、情感和态度。下面的两个问题在文本中找不到现成的答案，教师需要提前为学生搭建一定的语言和信息支架，在学生作答之后，也要给予适当的评价和补充。

Q13: How do you understand the title "Success Comes with a High EQ"? Can we say "Success Comes from a High EQ"? Why?

Q14: Are you a person with a high EQ? If not，what is your plan in the future?

以上问题形成了一个完整的问题链（表 2），指向学生思维品质发展的不同阶段。问题链下的课堂活动围绕英语学习活动观的三个层次逐级开展，层层递进，促进学生的思维从低阶稳步走向高阶。问题链中的问题主要是大问题，有时为了检查学生对问题的理解，教师可以提出一些小问题，但是要控制小问题的数量，以免过于琐碎的提问和回答占用时间。[8] 此外，课堂上要注意给学生留白，在提出问题，尤其是提出参阅型和评估型问题后，教师要留给学生充分思考的时间，不要用连珠炮似的追问，使学生思维混乱、情绪紧张，这样学生反而不知如何回答。

表 2 指向学生思维品质发展的问题设计

Success Comes with a High EQ			
阶段	课堂提问	思维品质表现	活动层次
读前	Q1: What is IQ? Q2: What is EQ? Q3: Which is more important，IQ or EQ?	感知、注意、获取、梳理、预测、评判	学习理解类
读中	Q4: What is the topic sentence of the passage? Q5: Which example is given to support Professor Salovey's research? Q6: What are the differences between people with high EQs and low EQs? Q7: Can a person's EQ be improved? Q8: Can you describe the results of Professor Mayer's study? Q9: What is the conclusion of the passage? Q10: What is the genre of the passage? Q11: How many parts can the passage be divided into? Q12: What is the main idea of each part?	描述、阐释、分析、判断、内化、运用	应用实践类
读后	Q13: How do you understand the title "Success Comes with a High EQ"？Can we say "Success Comes from a High EQ"？Why? Q14: Are you a person with a high EQ? If not，what is your plan in the future?	推理、论证、批判、评价、想象、创造	迁移创新类

总之，在英语阅读教学中，教师要有意识地落实英语学科核心素养的培育，关注学生思维品质的培养。教师可以通过深入细致地解读文本引导学生建构文本的结构化知识，以及使用具有一定关联性和层次性的问题链来组织教学，促进学生逻辑性、批判性和创新性思维的发展，进而促进学生核心素养的发展。

参考文献：

[1] 中华人民共和国教育部 . 普通高中英语课程标准（2017 年版 2020 年修订）[S]. 北京：人民教育出版社，2020.

[2] 葛炳芳 . 英语阅读教学的综合视野：内容、思维和语言 [M]. 杭州：浙江大学出版社，2013.

[3] 赵连杰 . 英语学习理解活动中结构化知识的建构方法及启示 [J]. 中小学外语教学（中学篇），2020，43（9）：28-32.

[4] Pretty, G. Evidence-Based Teaching: A Practical Approach [M].Cheltenham: Nelson Thornes, 2009.

[5] 徐国辉. 例析图形组织器在中学英语阅读教学中的有效运用 [J]. 中小学外语教学（中学篇），2017，40（11）：13-18.

[6] Barron, R. F. The use of vocabulary as an advance organizer [M] // In H. L. Herber & P. L. Sanders (Eds.). Research in Reading in the Content Areas: First Year Report. NY: Syracuse University, Reading and Language Arts Center, 1969.

[7] 梁美珍，等. 英语阅读教学中的问题设计：评判性阅读视角 [M]. 杭州：浙江大学出版社，2013.

[8] 张秋会，王蔷. 初中英语阅读教学中发展学生思维品质的提问策略 [J]. 中小学英语教学与研究，2019（11）：39-45.

思维品质：听力教学中不该被遗忘的概念

黄岳辉①

《普通高中英语课程标准（2017 年版）》（以下简称“《课程标准》”）将高中英语四大学科核心素养定位在语言能力、思维品质、文化意识、学习能力四个方面。其中，思维品质体现英语学科核心素养的心智特征。[1] 在英语教学中，听力既是常规的教学活动，也是学生应该掌握的语言技能，是学科核心素养发展的重要内容和重要途径。但由于种种原因，思维品质的培养在听力教学中并未得到足够的重视，成为一个被遗忘的概念。因此，本文在阐述思维品质内涵、分析听力教学中的偏差的基础上，探讨如何优化听力教学策略，以促进学生思维品质的发展。

一、思维品质：英语学科核心素养落地的关键

要理解“思维品质”，首先需要理解“思维”。思维是哲学、逻辑学、语言学等多个学科研究的对象。在心理学领域，人们一般从思维的心理机制、思维的特点与过程、个体智力水平的发展等角度来研究和理解思维。林崇德认为，智力由思维、感知（观察）、记忆、想象、言语和操作技能组成。其中，思维是智力的核心成分。[2] 那么，如何区分每个个体不同的智力发展水平和层次呢？最主要的衡量标准就是思维品质。因此，思维品质是思维活动中智力和能力在一个人身上的表现，它是智育的核心，其实质是思维的个性差异与特征。

思维品质有哪些具体表现形式呢？理查德·保罗（Richard Paul）从批判性思维的角度出发，认为好的思维品质有八个标准，即清晰性、精确性、相关性、深刻性、广阔性、逻辑性、重要性、公正性。他还通过举例说明，我们可以通过提问来检测每一个要素的实际表现情况。例如，用“你可以用另外一种方式来表达那个观点吗”这个问题来检测思维的清晰性，用“你能更加详细地讲一讲吗”来衡量思维的精确性。[3] 林崇德从思维与智力发展的关系出发，认为思维品质包括深刻性、灵活性、创造性、批判性、敏捷性五个

① 黄岳辉，华东师范大学教育博士研究生，上海市七宝中学英语高级教师。

方面。他还进一步就这五个方面进行了深入的论述。如深刻性表现为思维的深度、广度和难度，其核心是概括能力和逻辑推理能力；创造性更重要的表现是运用迁移能力创造性地解决实际问题。[2]

那么，英语学科中的思维品质又是如何体现的呢？《课程标准》在观察与比较、分析与推断、归纳与建构、批判与创新四个层面对思维品质进行了三个水平的划分。如"批判与创新"层面思维品质的三个水平分别如下。

水平一：针对所获取的信息，提出自己的看法，并通过简单的求证手段，判断信息的真实性，形成自己的看法，避免盲目接受或否定。

水平二：针对所获取的各种观点，提出批判性的问题，辨析、判断观点和思想的价值，并形成自己的观点。

水平三：针对各种观点和思想的假设前提，提出合理的质疑，通过辨析、判断其价值，做出正确的评价，以此形成自己独立的思想。[1]

综合以上分析，在英语学科中培养学生的思维品质，主要是通过分析、评价、创造等复杂的思维过程来促进学生的逻辑性思维、批判性思维和创造性思维等高阶思维的发展。高阶思维让学生能够更理性地思考，而这正是学生应对未来生活和工作挑战的必备素养。这些思维品质的形成，需要学生进行深度学习，从"跨文化"的视角感知、观察和认识世界，在中西方不同思维方式的碰撞和比较中培养正确的价值观念和行为方式，从而提升分析问题和解决问题的能力。因此，英语学科中思维品质的训练不仅是发展智力的重要途径，也是培养"用英语做事"这一英语学科关键能力的突破口，是英语学科核心素养落地的关键。

二、听力教学中的思维品质是怎样被遗忘的

为准确了解"英语教学中的思维品质"的研究现状，笔者以中国知网收录的文献为数据来源进行了分析。以"英语 + 思维品质"为主题，搜索2000—2015 年的数据，得到 75 篇文献；以同样的主题搜索 2016—2019 年的数据，发现短短四年内，有 1087 篇文献。这表明，近年来，随着"核心素养"这一概念的提出，特别是《课程标准》将"思维品质"确定为英语学科四大核心素养之一以后，学界对于"在英语学科中培养学生的思维品质"这一问题的研究迅速升温，出现了发文量的井喷现象。具体如图 1 所示。

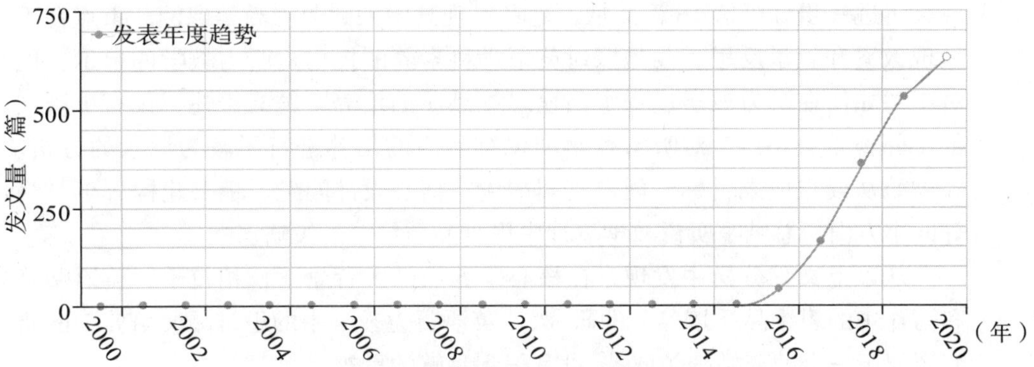

图 1 关于英语思维品质研究的发文量

但是，进一步搜索可以发现，思维品质的培养在英语阅读、英语写作、英语听力等技能领域的研究成果数量分布极其不均衡。以中国知网 2016—2019 年的发文为数据来源，以“英语阅读 + 思维品质”为搜索主题，得到 344 篇文献；以“英语写作 + 思维品质”为搜索主题，去除与主题不相关的文献，得到 120 篇有效文献；但是，如果以“英语听力 + 思维品质”和“英语听说 + 思维品质”为搜索主题，合并计算发文量，去除无关文献和重复文献之后，只有 16 篇文献涉及英语听力教学中的思维品质培养。这三组搜索主题所对应的发文量的显著差异如图 2 所示。

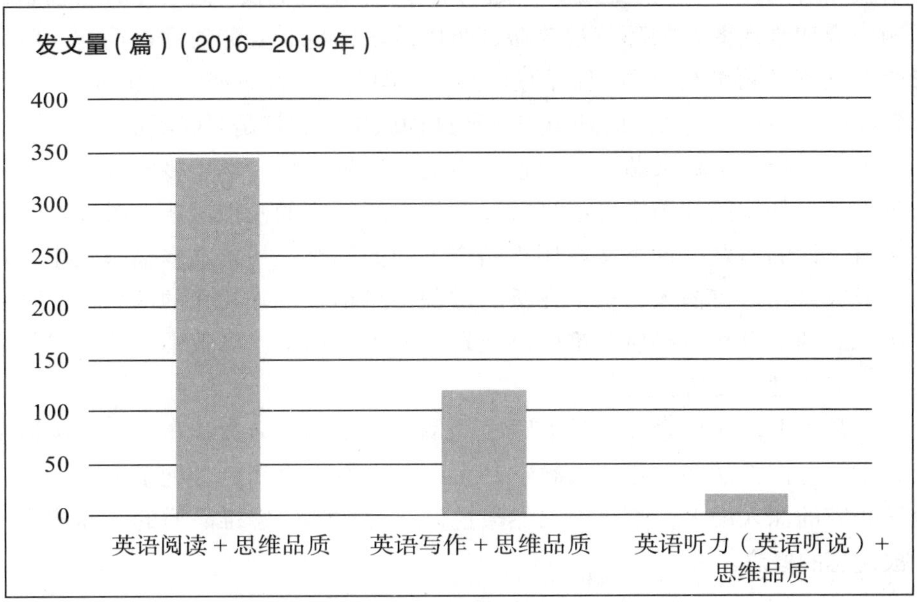

图 2 “不同主题 + 思维品质”发文量情况

再进一步分析这16篇文献，笔者发现其中大部分为教学课例，重点在于呈现教案和教学反思，或是探讨英语学科素养的提出对听力教学的启示，但对于“如何在听力教学过程中凸显思维品质的培养”鲜有论述，仅有1篇文献（郭秀娥，2019）对听力教学中思维品质的培养进行了较为深入的分析。郭秀娥从设定成果目标、创设真实情境、精心设计问题、板书建构故事脉络等四个方面，总结了听说教学设计中思维品质培养的策略。[4]

从以上文献分析中发现，在核心素养热的大背景下，相较于“英语阅读和写作中的思维品质培养”的研究，“英语听力教学中的思维品质培养”的研究还属于一个“灰姑娘领域”，没有得到足够的重视。

那么，听力教学在现实的教学情境中又是一幅怎样的图景呢？通过回顾自身教学经历和观察同行的课堂，笔者发现听力教学中存在三个方面突出的偏差。

第一，对听力教学的定位存在片面理解。一个普遍的认识就是，把听力教学等同于听力测试。也就是说，从“听力即结果”的角度来看待听力教学，由此得出一个结论，即听力理解能力是一种内在的技能，是没法教的。学生要想提高听力技能，唯有自己不断地多听多练。而教师的职责，就是给学生提供听力训练的素材和时机。

第二，听力教学的方法是传统的，甚至是陈旧的。常见的听力教学方法是“教师放录音—学生做题目——起对答案”。在这个教学过程中，听前阶段预测内容和激活图式的环节被忽略，听中阶段师生必要的对话被简化，听后阶段对文本的再分析和再创造的过程被简单的核对答案或学习生词所取代。而教师似乎都有一个共同的理由来解释这种做法，那就是时间不够。

第三，听力素材来源单一导致听力文本质量不高。学生接触到的最常见的听力素材是按照英语中考或高考试题要求所编制的模拟试题。抛开对试题本身科学性的质疑，这类文本还存两个方面的问题：一是文本篇幅较小，难以形成大量的语言输入，学生在听的过程中只是获得碎片化的信息；二是文本所承载的信息相对滞后，难以反映真实的生活场景，导致学生的学习与现实情境很难建立关联。

正是以上教学理念和教学实践中的偏差，使得听力教学相比较于英语阅读教学、写作教学甚至是口语教学，无论是在教学时间的分配量上，还是在教学研究的深入度上，都显得黯然失色，听力教学中思维品质的培养成为一个被遗忘的概念。

三、优化听力教学策略，让思维品质回归

听力是语言输入的重要手段。根据 Krashen 的输入假说，人们只有理解了输入的信息，才能习得语言，所以听力在语言学习中居于中心地位。[5] 从听力的定位来看，它是一种技能（skill），包含听细节、听主旨大意、推论、选听、预测等微技能；听力也是一种结果（product），重在关注听者听懂以后的行为表现；此外，听力还是一个重要的心理过程（mental process），包含丰富的信息编码、解码、建构等认知活动。[6] 因此，有必要重新审视听力教学，优化教学策略，在培养学生基本的听力理解技能的过程中，促进学生逻辑性、批判性和创造性思维的发展。

（一）重视听前、听中、听后三个步骤的有机统一

听力教学不是听力测试，它需要突出教师“教”的过程。在听前阶段，教师可通过文本标题、相关图片、关键词等引导学生进行预测、分析，猜测文本大意，为接下来的“听”做铺垫。也可以让学生基于他们想听到的内容提出问题，激发他们想听的兴致。在听中阶段，教师通过连线、填表格、互动问答等多种形式，帮助学生进行逻辑性推理，获取文本主题大意，并核对之前的预测和提问。在听后阶段，教师要引导学生通过关键词来概括文本的主题信息，理顺文本内容的逻辑关系，为后续的语言输出搭建较好的逻辑框架。另外，教师还可以引导学生通过评价和反思文本主题和信息，激活他们的批判性思维，促进高质量语言输出的产生。

例如，有关 Flash Mob（快闪）的听力文本如下：

A flash mob can be described as a gathering of a large number of strangers, a mob, who get organized in secret by email or by text messaging and who meet together for no apparent reason and for a short time to do something that is both unusual and pointless.

在听后阶段，教师引导学生概括“快闪”的基本特征：（1）一群陌生人之间的活动；（2）活动不常见，并且毫无意义；（3）活动持续时间短。当然，学生需要从听力文本中捕捉信息来佐证自己的理解，这是培养学生逻辑性思维的重要过程。另外，学生还可以对“快闪”的定义提出疑问。例如，通过列举生活中以“禁烟”或“爱国主义”为主题的快闪活动，来反思快闪的基本特征：（1）这是陌生人之间的活动吗？（2）这些活动毫无意义吗？在这个过程中，学生利用自己的批判性思维深入理解“快闪”，并且重新建构起有关“快闪”的新的知识体系。

(二)设计听说结合、听写结合的综合性语言实践活动

在听、说、读、看、写五项语言技能中，听、读、看是理解性技能，说、写是表达性技能，这两个方面的技能在语言学习的过程中相辅相成、相互促进。学科核心素养背景下的英语教学，其最终指向的是学生在真实语言环境中的交际能力，因此听力教学不能只是一项孤立的技能训练，而要把听力技能训练和问答、讨论、记笔记、写反思、写续篇等说和写的活动结合起来，让学生在综合性语言实践活动中培养创造性思维和批判性思维，提升他们在真实语境中的语言运用能力。

例如，有关 Dream Jobs 的听力文本如下：

A: I have two ideal jobs. One is teaching Japanese. The other is training dogs. I like working with dogs. Dogs give me unconditional love.

B: Teaching is also an ideal job for me because I enjoy being around children. I want to help them learn well.

C: I would like to help people in developing countries. To do this job well you need to be passionate, you need to be able to listen and you need to communicate.

根据以上听力文本，在学生获取基本的听力信息之后，教师可以引导学生进一步讨论：(1)你在多大程度上同意 C 的说法？(2)为了做好 C 所说的工作，你觉得还需要哪些品质？通过“说”的活动，教师引导学生从“会话参与者”的角度提取和加工信息，有利于激活学生的批判性思维，培养学生深度思考的能力。

从听写结合的角度，教师也可以引导学生根据对上述问题的讨论，把现有的口语文本加以扩充，然后转换成书面文本。在写的过程中，学生不仅要关注不同文体句子长短的变化、口语和书面语的差异等语言知识，也需要从逻辑的角度把握文本的语篇结构，还要结合生活经历表达个人观点，因此，这是一个融合了逻辑性思维和创造性思维发展的创作过程。

(三)基于真实听力材料，设计真实的交际任务

听力材料分为录音材料(taped materials)和真实材料(authentic materials)。录音材料在编写的过程中根据一定的标准和要求，严格控制文本长度、词汇和语法难度、录音质量、语速等内容和表达方式，其目的是方便语言教学。真实材料主要是以英语为母语或英语水平接近母语水平的人士之间所生产的自然的语言，其目的是正常交际。[7] 真实材料的一个重要特征是“时新性”，即紧跟时代步伐，能让学生接触到最鲜活的英语事件、观点、词汇等。因此，有观点认为，如果我们想要学生练习听力，并且想要教话语标记和语块，那

真实的对话就更有用。[5] 基于此，教师应在评估听力材料的趣味性、学生的语言水平、学生对语境或文化的熟悉程度等要素的基础上，把英语歌曲、英语广播、英语访谈、英语演讲等听力材料作为现有录音材料的重要补充，让学生尽可能多地接触高质量的真实的语言输入，进而提高真实听力能力。

依托真实听力材料，教师还应设计真实的学习任务，即以语言交际为导向，设计与学生现实生活情境联系密切或高度相似的学习任务，引导学生在吸收和理解信息、分析和解决问题的过程中，运用迁移创新能力创造性地完成任务，实现从真实听力能力向真实交际能力的发展。

以 2020 年肆虐全球的“新冠肺炎”（Corona Virus Disease 2019，简称“COVID-19”）疫情为例。教师可以首先播放有关 COVID-19 的新闻报道、访谈的视频或听力素材，给学生提供足够的语言输入。学生看（听）完以后，以小组合作的形式完成如下任务：（1）制作一张海报，宣传 COVID-19 的科学预防措施；（2）画一张思维导图，描述 COVID-19 的发展变化过程，并列举 COVID-19 对社会、经济发展带来的重大影响。这样的交际任务既基于真实的听力材料，又与学生的现实生活联系密切，是学生熟悉并且都有深刻体验的话题，同时具有一定的思维挑战性，能够激发学生的参与热情和创造性思维，因而活动设计具有较强的实效性。

从实践层面来看，学生学习英语的目的之一是能够用英语同外国人在真实的情境中进行口头交流，这就需要较好的英语听力理解能力，以及在理解基础之上的有意义的互动。因此，探讨听力教学，特别是听力教学中学生思维品质的培养，直接指向英语学科核心素养的本质要求。当然，目前的研究还相对薄弱，我们期待更多同行就这一主题开展深入研究，共同推动核心素养的落地。

参考文献：

[1] 中华人民共和国教育部 . 普通高中英语课程标准（2017 年版）[S]. 北京：人民教育出版社，2018.

[2] 林崇德 . 思维心理学研究的几点回顾 [J]. 北京师范大学学报（社会科学版），2006（5）：35-42.

[3] [美] 理查德・保罗，琳达・埃尔德 . 批判性思维工具（原书第 3 版）[M]. 侯玉波，等译 . 北京：机械工业出版社，2013.

[4] 郭秀娥 . 初中英语“思维品质”听说课实践探索 [J]. 江西教育，2019（11）：38-40.

[5] [英] 威尔逊 . 朗文如何教听力 [M]. 邹为诚，译 . 北京：人民邮电出版社，2012.

[6][马来西亚]吴娟明（Christine C. M. Goh）.语言课堂中的听力教学（Teaching Listening in the Language Classroom）[M].寇学敏，注.北京：人民教育出版社，2007.

[7]许晓晨，等.基于真实听力材料的英语听力课行动研究[J].中国教育技术装备，2018（4）：80-81，85.

互文性阅读在英语教学中的应用

章玉芳①

依据《普通高中英语课程标准（2017年版）》（以下简称“《英语课程标准》”）要求编写的新版高中《英语》教材，重视学生的深度学习和全面而有个性的发展。教材围绕三大主题语境下的相关子主题群，精选语篇，依托体裁、题材和风格各异的连续文本、非连续文本，以探究主题意义为引领，从学科逻辑转向学生的语言实践活动，体现了“构建高中英语共同基础，满足学生个性发展需求”[1]的目标。

新版高中《英语》教材大多设置了“阅读（Reading）”“语法（Grammar）”“综合（Integrated Skills）”“延伸阅读（Extended Reading）”等板块。其中，“延伸阅读”板块旨在让学生进一步围绕单元主题语境进行拓展阅读，理解和鉴赏中外优秀文化，开阔视野，并通过观点表达来训练批判性思维，通过完成富有创造性的活动来培养创造性思维，充分体现了教材对发展学生思维品质的核心素养的关注。互文性阅读有助于拓宽文本广度、触及文本深度，为学生的阅读理解提供多元视角，契合《英语课程标准》提出的同一主题语境下的多种类型文本教学的新要求，对发展学生的思维品质起到积极作用。因此，运用“互文性”理论，覆盖从“阅读”板块到“延伸阅读”板块的单元内容，实施“大单元”整体教学设计，具有现实意义。

一、互文性阅读教学的内涵和意义

互文性（intertextuality），也称“文本间性”，是语篇特征之一，指两个或多个文本之间发生的交互关系。互文性理论认为，每个语篇都是对其他语篇的吸收和转化，[2]它们相互参照、牵连，形成一个潜力无限的开放网络，以此构成文本的过去、现在和将来的巨大开放体系。互文性阅读强调阅读的过程，能引导学生将文本阅读的焦点从语言的形式迁移到语言所传递的内容和意义，有助于学生对文本的深入解读。

互文性阅读文本分为教材文本（即目标文本）和互文本。在英语阅读单

① 章玉芳，江苏省南京市第六十六中学教师，正高级教师，上海市英语教育教学研究基地兼职研究员。

元教学中，教师可以通过在线语料库的主题词搜索功能，筛选与教材文本相关联的连续或非连续文本作为引入文本，形成“大单元”文本群；随后根据教学需求，将教材文本置于各种相关的文本群中，在文本之间的相互作用、阐释下，引导学生从文本的表层意义获取走向文本的深层意义挖掘。在互文性阅读教学中，引入文本为生成教材文本的意义服务，引入文本和教材文本共同指向单元主题意义的探究，完成对单元主题的理性、完整的解读。在教学实践中，利用互文性理论来指导高中英语单元教学，可以有效提升学生的阅读能力和理解能力。

二、互文性分类及教学应用

阅读教学的本质是实现对文本意义的解读。教师引导学生通过解读文本，实现文本的教学价值——学生学习语言知识、培养语言能力、提升思维品质、形成良好的文化意识等。教材文本是范本、脚本，引入用于理解教材文本的互文本，可以共享教材文本的主题语境、主题意义、价值取向、体裁特征、结构特征和语域特征。教学中涉及的互文性比较常见的有以下六种。

（一）具体互文性

具体互文性指语篇通过仿拟、模仿、反语、明引和暗引等明显的线索和其他语篇产生互动，即借用其他语篇的思想意识服务自己的交际意图。比如：“To phone or not to phone? ”就是仿拟了莎士比亚的戏剧《哈姆雷特》中的“To be or not to be, that’s a question.”。修辞格的灵活运用引起的具体互文性，在高中英语教材中最常见，也最能引起学生的关注。

（二）文化互文性

文化互文性指语篇创作均有其特定的文化语境，透视语篇所包含的社会事件、文化语境，给学生适当的文化背景知识的输入，能够使学生将语篇的字面意义和其特定文化语境结合起来理解，从而升华主题，促进深度学习。这就要求教师在教学中关注中外文化的异同，提取目标语的文化因素（如文化习惯、社会习俗、宗教信仰、价值观等），采用目标语的文化规约阐释、评价语篇，培育学生的文化意识。比如，对教材中有关狗的谚语“Every dog has his day”的理解，有关“去非洲国家旅游，和当地人一起饮牛血”的习俗的理解等，都属于文化互文性。

（三）语类互文性

语类互文性，也称体裁互文性，指语篇中不同风格、语域或体裁特征的混合交融。教师通过分析同一语篇中不同体裁的融合运用（如夹叙夹议），将体现体裁互文的段落、语句从语篇中抽离出来，依据语篇语境进行分析，使学生对常见体裁的语用功能有深刻的认识，从而在整体上更为系统、全面地理解和掌握。

（四）主题互文性

主题互文性指主题语境、语篇结构或语域相异的语篇在主题意义、主旨、作者的意图或价值取向等方面相同，即相异的文本表达相同的主题意义。这些文本为相同的主旨和作者的意图服务，体现出作者的社会背景和思想立场。比如，教材中表现“圣诞节”和“春节”团聚的文本，都反映出人们对美好生活的向往、对团圆的期待。主题互文性是最直接的对文本主题意义的探究，是阅读教学的内涵和价值所在。

（五）媒体互文性

媒体互文性指通过各种文字、声像等物质媒介来创造互文性的效果，如插图、序言、标题、注解、评论等。学生通过听、说、读、看、写等手段学习语言，充分进入学习语境。“看图说话”“图表作文”“概要写作”等都体现了媒体互文性。媒体互文性革新了教学手段。

（六）师生言语互文性

在课堂教学中，教师经常对教学内容进行解释（paraphrase）、总结（summarize）和评价（critique），教师的教学语言与教学内容交互作用，这些相关的、可理解的语言输入对学生将来的语言学习有积极作用。同样地，赋予学生话语权，让他们对教材文本进行解释、总结和评价，将来学生更容易想起教师、自己在课堂上解释过的词句、概括性的语言以及对教学语篇的评价等，这些对学生的终身学习都有一定影响。

三、互文性阅读教学原则

（一）单元整体设计，关注相似性、相异性和互补性

依据《英语课程标准》，各出版社的高中《英语》教材单元“主题语境”相同，选取的文本虽然相异，但其主题意义相似。教学中，教师可将与教材文本相关的引入文本与教材文本融合，完成对教材文本及单元主题的意义解读；创建涵盖各版本高中《英语》教材及教学资源的微型教学语料库，整合相同主题语境的文本，抽取关键词，利用关键词搜索功能，筛选引入文本，并按照互文性分类，选取多篇与教材文本相同、相异、互补的文本，凸显同类文本个性，分析异类文本共性。

（二）框定教学边界，落实针对性、关联性和指向性

互文性阅读教学为教学框定了边界。首先，教师必须针对学情，对引入文本的难度予以适当的控制，文本要涵盖常见文体、主流观点和新观点、连续文本和非连续文本等；其次，教师必须设置教学目标，确保引入文本与教材文本和教学目标在内容、形式上的关联性；最后，要明确互文性阅读教学的本质是为解读教材文本意义服务，而不是让学生深入理解引入文本，以免“本末倒置”。学生对主题语境和语篇理解的深度直接影响着学生的思维发展水平和语言学习效果，在教学中，要避免文本解读主观化、泛化和表面化，阅读要有边界，要落实针对性、关联性和指向性的原则。

四、互文性教学设计

以“The Recipe for Success”这一单元的教学为例，该单元的模块主题为“Preparing for the Future”，前两个单元的主题为“Careers and Skills”“Getting a Job”。

（一）初读：理解常见语篇类型，分析常见结构

教师提供两篇教材文本，分析该主题文本的常见结构，让学生对“人物故事”类语篇结构有初步了解。通过回答问题，学生对 successful people 的特点有了初步了解。课后，让学生阅读选自高考真题语料库的6篇“人物故事”，并择其一进行概要写作。

文本：（1）Reading: “Sir Clive Sinclair”；（2）Extended Reading: “My Father, My Hero”；（3）从高考真题语料库中选取6篇有关成功人士的记叙文语篇。

课堂上的导入环节，通过针对成功人士的一系列图片的讨论“What are the qualities of successful people in our life? What are the secrets to their success? ”，引入主题“The Recipe for Success”。针对“Sir Clive Sinclair”和“My Father, My Hero”的阅读，教师设计了以下问题：

1.What are the typical structures of character stories?（讨论典型结构）

2.What kind of person is a success? What are the criteria for being successful?（提炼典型特点）

3.In terms of “Sir Clive Sinclair” and “My Father，My Hero”, where do you think their success lies respectively?（延伸阅读维度）

4.How do you understand the sentence “one person can really make a difference” ? How did they both make a difference to the society?（指向主题意义）

5.As is mentioned in the passage，there are ordinary jobs as well as glamorous jobs. How can we assess success of either type?（学生联系文本“Career and Jobs”，训练思维品质）

（二）细读：分析不同文体语篇，提炼主题意义

从教材其他板块关于“Successful People”主题的议论文、说明文文本入手，学生通过问题回答提炼教材3篇文本的主题意义。在学生对该主题意义形成较为具体的看法后，引入文本“Choosing the Right Resolution”和“Boldness”，这两篇文本的特点是标题与success没有关联，但其主题意义与“the recipe for success”有关。

文本：（1）教材其他板块的文本；（2）2014年高考英语北京卷中的文本“Choosing the Right Resolution”；（3）2015年高考英语天津卷中的文本“Boldness”。

课堂上，经过讨论，学生对上述两篇文本的主题意义进行了提炼、概括，摘录如下：

“Choosing the Right Resolution”（说明文，选自2014年高考英语北京卷，有改动）

(1) Creating a goal that focuses on a well-specified input will likely be more effective than concentrating on the outcome / output; (2) The incentives for inputs might be more effective; (3) Making these new goals become your habit can help improve yourself day by day, and eventually achieve success./ A good habit makes success.

“Boldness”（议论文，选自2015年高考英语天津卷，有改动）

(1) One first needs to set a goal and then gradually make it more practical; (2) Spend more time studying and practicing; (3) Do something you love./ Enjoy what you do; (4) Success is not something that happens by accident./ No success comes easily; (5) Consistent, hard work won't guarantee you the level of success you may want, but it will guarantee that you will become really good at whatever it is you put all that work into./ Success is a continuous journey.

（三）仿写：体验多维视角写作，创编地道表达

课堂上，教师先从TED演讲导入，学生边看边记录该演讲的要点。学生概括（summarize）演讲要点之后，教师在多媒体课件上打出关键词。接着，学生进行名言仿写（imitate）、阐释（paraphrase）。最后，学生写一篇80词左右的作文，要求写出1~2个成功的特点；教师展示学生范文，提供写作评价标准，组织学生互评（critique）。

（1）Success consists of going from failure to failure without loss of enthusiasm.

学生仿写：Failure is the mother of success.

（2）The greatest barrier to success is the fear of failure.

学生仿写：Fortune favours the brave.

（3）Success is not the key to happiness. Happiness is the key to success. If you love what you are doing, you will be successful.

学生阐释：Loving what you are doing is recipe for success.

（4）Success is dependent on effort.

学生仿写：Fortune favours the hard-working.

（5）Success is dependent on hard-working.

学生阐释：Success comes from hard work. Practice makes perfect.

（6）The secret of success in life is for a man to be ready for his opportunity when it comes.

学生仿写：Fortune favours the well-prepared.

互文性阅读教学可以为学生阅读提供背景知识，助其补白文化理解，达成文本的深层文化意蕴延伸，挖掘文本深度、延伸文本广度。在英语教学中应用“互文性”理论，有利于教师“用教材教”，有利于教师和学生角色的多元化，有利于教师的专业成长和学生的深度学习。

参考文献：

[1] 中华人民共和国教育部.普通高中英语课程标准（2017年版）[S].北京：人民教育出版社，2018.

[2] Julia Kristeva. The Kristeva Reader [M]. Oxford: Basil Blackwell, 1986.

第三节　指向核心素养的英语教学策略

关注基于语篇的语言表意功能

夏谷鸣①

笔者曾主持过一次2018年高考英语试题微信论坛活动。活动邀请了七位专家和教师共同探讨试题的能力指向、与教学的契合度，以及对今后教学的反拨作用。讨论期间，有位教师对该年高考英语全国卷Ⅲ“语言知识运用”部分第二节中的一题提出异议：

I'm not sure __61__ is more frightened, me or the female gorilla（大猩猩）that suddenly appears out of nowhere.

他认为第61题应该填who，至少who不能算错。单从词义和句子结构来说，选用who应该是可以接受的。在故事、小说文体中，he、she、who常常被用于描述动物，表达作者对动物的一种情感和态度。在该试题的语篇中，尽管作者选用了he、she等人称代词指代不同性别的大猩猩，但整个故事没有拟人化的表意。从上下文语境可知，大猩猩的一阵狂躁吼叫，使得原本受到惊吓的作者开始怀疑她跟大猩猩到底谁感到更害怕。which词面上的意思是：used to ask or talk about one or more members of a group of people or things，when you are uncertain about it or about them（《朗文当代高级英语辞典》）。因此，在此选用which就是为了表达语篇中这种疑惑、不确定的意思。

“语言知识运用”考题检测的不是单词意思和句子运用，而是基于语篇的语言表意功能。《普通高中英语课程标准（2017年版）》明确将语言知识界定在语音、词汇、语法、语篇和语用等五个方面。这五个方面的内容可以分为陈述性知识和程序性知识，前者是“是什么”的知识，具体有语音、词汇和语法等；后者是“如何做”的知识，主要有语用和语篇等。只有将这两类知识相结合，语言才能在语篇中体现其正确的表意功能。例如：So we paddled over and climbed on to the steamboat，keeping as quiet as mice.（外研版高二第3

① 夏谷鸣，教育部《普通高中英语课程标准》修订组核心成员。

模块：Adventure in Literature and the Cinema）。作者使用 mice 形容 quiet，其中还有更深层的意思，即紧张、害怕，甚至恐惧。这与 Steamboat 这一历险故事的语篇主题和情节相吻合。对语篇的语言表意功能的考查在 2018 年高考各套英语试题中出现的频率还是很高的。

例如全国卷 I “语言知识运用”部分第一节：During my second year at the city college, I was told that the education department was offering a “free” course, called Thinking Chess, for three credits. I 41 the idea of taking the class because, after all, who doesn’t want to 42 a few dollars? 语篇中提到“a ‘free’ course”，可以省下几美元，所以第 41 题选择 jumped at，表达了作者迫不及待地接受了上课的念头。

又如全国卷 II “语言知识运用”部分第一节：Two weeks earlier, my son, Ben, had got in touch. He’d moved to England with his mum when he was three and it had been 13 years since I’d 41 seen him. So imagine my 42 when he emailed me saying he wanted to come to visit me. I was 43 ! 语篇中的第二句讲的是儿子有 13 年未与自己见面，是一件不愉快的事，但第三句讲到儿子要来看他，所以语篇的基调是高兴、愉快。儿子 3 岁就离开自己去英国了，现在突然收到 16 岁儿子的邮件，作者会感到内疚和意想不到，所以此时用 thrilled（第 43 题）描述他的心情，最符合语境。

高考重视语境中的语言表意功能考查，与《普通高中英语课程标准（2017 年版）》提出的学科核心素养是一致的，是课堂教学变革的方向。在日常教学中，我们应该整合课程内容的六要素，即主题语境、语篇类型、语言知识、文化知识、语言技能和学习策略，把语言学习融合在理解、运用、迁移、创新等一系列具有关联性、综合性和实践性的活动之中。

高中英语学科核心素养指导下的词汇教学

陈新忠[1]　景　鹏[2]

《普通高中英语课程标准（2017 年版）》（以下简称“《英语课程标准》”）指出：普通高中英语课程的具体目标是培养和发展学生的学科核心素养，即语言能力、文化意识、思维品质、学习能力。其中，语言能力是构成英语学科核心素养的基础要素。英语语言能力的提高蕴含文化意识的增强、思维品质和学习能力的提升，有助于学生拓展国际视野和思维方式，开展跨文化交流。英语课程内容是发展学生英语学科核心素养的基础，包括主题语境、语篇类型、语言知识、文化知识、语言技能和学习策略。语言知识涵盖语音知识、词汇知识、语法知识、语篇知识和语用知识，是构成语言能力的重要基础。英语语言学家 Wilkins 指出：“Without grammar very little can be conveyed, without vocabulary nothing can be conveyed.（没有语法，表达甚微；没有词汇，表达为零）。”[1] 词汇在英语中的重要基础地位不言而喻。

一、词汇教学存在的主要问题

在目前实际的课堂上，词汇教学还存在诸多的问题，影响着对学生语言能力的培养，以及学科核心素养的形成和发展。以阅读课为例，目前词汇教学主要存在以下问题。

1. 单独设立词汇教学环节，与阅读活动脱节

词汇教学主要出现在阅读活动之前和阅读活动之后，以单独的语言点学习的形式呈现，在阅读过程中缺少有意识的词汇教学活动。在阅读活动之前，教师处理词汇的常见方式之一是让学生预习课文，把不认识的单词的汉语意思标注在课文中；另一种处理词汇的方式是串词汇表，教师带着学生朗读教材附录部分的词汇表，简单处理词汇的意义，扩展词汇的派生词。而在阅读活动之后，教师选择部分重点词汇集中讲解。这样的词汇教学与阅读活动脱节，与语篇的理解无关。

---

① 陈新忠，北京教育科学研究院教研员，中学高级教师。
② 景鹏，北京市西城区教育研修学院教研员，中学高级教师。

2. 词汇处理形式单一，忽视词汇在语境中的理解和运用

阅读前的词汇处理，教师关注的是单词的语音和词义；阅读后的语言点学习部分，教师以给出例句、讲解不同词性、近义词辨析等内容为主。教师依据自己的经验选择他们认为考试会考的重点词汇，或者词义丰富、派生词多的词汇，给出例句，设计翻译、选词填空等句子层面的练习加以巩固。课堂基本上是教师讲，学生记笔记、做练习，比较枯燥。学生主要从单词、单句层面接触、练习词汇，缺乏在语境中理解和运用词汇。

3. 词汇处理主要关注本课生词，忽视词汇与主题意义之间的关系

在部分教师的观念中，只要是教材附录中出现的生词就是考试重点考查的词汇，也是应该学习的词汇。他们有时一节课会讲十几个单独的词汇，但所选词汇之间没有什么联系。其实，文章作者通常会选择一定的语言形式来准确表达主题意义，词汇就是具体的语言形式的一种。这些词汇未必是词汇表中的生词，但与主题意义有一定的关联，学习这些词汇能更好地理解语篇。

4. 词汇的检测形式单一，忽视学生学习词汇的积极性

当前很多教师对词汇的检测主要是词汇听写，教师说英语，学生写出汉语意思；或者教师说汉语，学生拼写出英语词汇。许多教师认为学生会听写了，词汇就掌握了。而且，在检测的过程中，教师也没有区分积极词汇和消极词汇。这种机械的词汇背诵方式会影响学生学习英语的积极性，尤其会导致学困生对英语学习产生畏难情绪。

5. 缺乏词汇学习策略指导

英语单词有其自身的构成规律，了解这些规律可以帮助学生记忆、分析词汇；让学生猜测上下文义和跨越生词障碍进行阅读，也是阅读中必不可缺的，而这些阅读策略目前还没有得到充分重视。“授人以鱼，不如授人以渔”，在词汇教学过程中只关注读音、词义、用法是远远不够的。

以上词汇教学活动传统、机械，给学生带来的多是碎片化的词汇学习，既不利于学生英语学习效率的提高，也影响了学生学习英语的兴趣。

二、高中英语学科核心素养指导下的词汇教学

《英语课程标准》指出，所有的语言学习活动都应该在一定的主题语境下进行，即学生围绕某一具体的主题语境，基于不同类型的语篇，在解决问题的过程中运用语言技能获取、梳理、整合语言知识和文化知识，深化对语言的理解，重视对语篇的赏析，比较和探究文化内涵，汲取文化精华；同时，

尝试运用所学语言创造性地表达个人意图、观点和态度，并通过运用各种学习策略，增强理解和表达的效果，由此构成六要素整合、指向核心素养发展的英语学习活动观。这种英语学习活动观是学生在主题意义的引领下，通过学习理解、应用实践、迁移创新等一系列体现综合性、关联性和实践性等特点的英语学习活动，在分析问题和解决问题的过程中，促进英语学科核心素养的提升。

本文将结合北师大版《普通高中课程标准实验教科书 · 英语选修模块 6》Unit 16 Lesson 3 中“Helen Keller”一文的词汇教学，具体阐述指向学科核心素养培养的词汇教学。

本课阅读材料讲述了 Helen Keller 和她的恩师 Anne Sullivan 之间的感人故事。生活在寂寞黑暗世界里的 Helen，年幼时脾气十分暴躁。有着相似经历的 Anne 能够对 Helen 的境遇感同身受，她带领 Helen 开启语言世界的大门，彻底改变了 Helen 的人生。当 Helen 得知万物皆有名字时，一个全新的世界展现在她的面前。从简单可触的单词“doll”“water”，到抽象难懂的单词“think”“love”，随着词汇难度的增加，Anne 引领 Helen 循序渐进地感知世界，照亮了 Helen 的心灵，给她带来了无限的光明、希望和快乐。本文体现了 Anne 对 Helen 的关心、爱护以及 Helen 自己对知识的渴求，同时，她们克服各种困难学习的品质对学生也是很好的教育。

文章段落结构清晰，前两段为 Helen Keller 和 Anne Sullivan 两人的背景介绍。通过这两段可知，在遇到 Anne 之前，Helen 是个任性偏执的小女孩，与下文 Helen 发生的改变形成了鲜明的对比。下文中 Helen 经历了从易到难、从具体到抽象的循序渐进的学词过程。其中，两次学习的突破对 Helen 意义非凡：第一次是 Helen 顿悟到可触碰的东西竟可以用语言来表达；第二次是 Helen 体会到语言还可以表达人类情感这样抽象的内容。Helen 的情感也发生着变化：从暴躁不安到欣喜若狂，从困惑不解到豁然开朗。同时，每学会一个单词都给 Helen 带来不同的影响与结果。在行文过程中，作者引用了 *The Story of My Life* 中的原文，让读者走进真实的人物内心，体会人物情感。情景再现让故事情节更加鲜活生动。

1. 合理地选择词汇

选择词汇，要明确两个内容：一是词汇分为积极词汇和消极词汇。对于消极词汇，学生会读、了解意思即可；而对于积极词汇，学生要能够在语境中准确地使用。二是词汇选择的依据是主题和语篇。词汇的选择不能仅是本课的生词，也不能靠教师个人的经验选择其认为考试常考的词，而要根据获取、梳理、整合语言知识和文化知识任务的需要来选择。学生对词汇的真正掌握是在语境中会准确使用，而不仅仅是了解读音和意思。因此，在选择词汇时教师还要考虑：哪些词是学生本节课认识就可以的；哪些词是学生以前认识但未必会用的；哪些词是本节课需要学生使用的（需要使用的词汇都应该是围绕理解和表达与主题相关的信息和观点的）。

在本节课中，教师选择的词汇主要侧重两个方面：一方面是影响学生阅读理解的词汇，如 severe restrictions，frustrated，stubborn 等，这类词汇本节课学生只要理解即可；另一方面是学生梳理 Helen 如何学习包含多个单词的词汇，如 put...gently round...，spelled into...，drew...closer to...，pointing to... 等，这些是描述 Helen 学习词汇过程的核心内容，这些词汇是学生在阅读活动中提取、归纳、应用的词汇。虽然很多词汇学生可能认识，但认识并不等于会使用。如果学生能够用这些词汇描述聋哑的 Helen 如何学习“think”“love”这些抽象词汇，那才是真正掌握了这些词汇。

2. 词汇教学要在用中学、学中用

《英语课程标准》指出：“词汇中的任何词语都是通过一定的句法关系和语义关系与其他词语建立起一定联系的，并在语境中传递信息。学习词汇不只是记忆词的音、形、义，更重要的是在语篇中，通过听、说、读、看、写等语言活动，理解和表达与各种主题相关的信息或观点。”词汇教学活动应该围绕单元主题语境，在提取信息、处理信息的过程中自然使用词汇，将知识学习和技能发展融入主题语境中。词汇教学不需要单独的脱离语境的讲解，词汇要在阅读中理解、运用、反复理解，直到学会使用。

本节课中学生要理解 Helen 学习四个不同词汇的过程。四个词汇“doll”“water”“think”“love”由具体到抽象，Helen 的学习过程也由简单到复杂。教师引导学生提取信息，完成下列表格（图 1），再复述 Helen 学习的过程，之后分析 Helen 学习具体和抽象词汇的方式的不同及这些词汇学习给 Helen 思维带来的影响，学生在提取信息、整理信息、口头复述、对比分析等活动中反复使用话题词汇。

Read the passage and find the details about Helen's learning.

Words Helen learned	What Helen did	What Anne did	
doll		let Helen play with ... and spell ...	a game
water		*took to ... , put ... under ..., spelled ... into*	*a burst of understanding*
love	found ... and brought... *smelled ... asked*	*put ... gently, pointing to, spelled into, drew ... closer to ...*	*not apparent*
think	*made necklace, noticed, made mistakes, stopped to think*	*touched and spelled into*	*breakthrough*
love （第二次学习）	*returned to, thought about, pointed to and asked, finally understood*	*answered by explaining*	*the beautiful truth of "love"*

（注：斜体字部分为学生填写内容。）

图 1 "Enlightening a Mind" 学案

3. 将词汇以一种整体或词块的形式去理解、记忆和产出

近年来，由 Lewis 提出的词汇法（Lexical Approach）越来越得到重视，成为十分重要的教学理念。[2]Lewis 认为，应当将词汇以一种整体或词块（Lexical Chunks）的形式去理解、记忆和产出，学生不需要对词块进行分解或分析，而应将其作为一个整体去理解和记忆。这对于学习者语言能力的提高有非常重要的作用。词汇法对"词"的概念进行重新定义，认为词块是组成句子的基本单位。因此，在语言教学中要特别注意对词块的学习和应用。[3]《英语课程标准》也指出，在课堂上，教师要注意词块的呈现，帮助学生关注动词词组、介词词组、名词词组、形容词词组和副词词组的习惯搭配和表达。如图 1 所示，本节课教师引导学生在提取信息时就以词块的形式关注词汇，培养学生以词块形式学习词汇的意识，提高词汇学习效率。

4. 注意词汇学习策略的渗透

学习能力的培养是落实英语学科核心素养的任务之一。学会学习词汇，在阅读中正确处理生词也是英语词汇教学的重要任务。本节课中教师鼓励学生在阅读时合理使用词典，并且设计了以下任务帮助学生掌握词汇学习策略。

如在学习"Helen's behavior was often unbearable. Because she was frustrated, she was sometimes troublesome, stubborn and angry, and often broke things when no one understood her."时，教师引导学生关注 unbearable 的构词，猜出 unbearable 的意思，之后分析全句语境，引导学生分析出了 troublesome 和 stubborn 的词性和大概含义。

在学习"I smelt the violets in her hand and asked, half in words, half in signs, a question which meant, 'Is love the sweetness of flowers? '" 时，教师引导学生分析得出 violets 是一种 flower。学生分析出这一点就足够理解文章了，而不用再查花的准确名字。这些学习策略能够帮助学生更好地学习词汇，增强学生学习英语的信心。

词汇教学是很重要的，但词汇教学不是英语教学的全部或大部分。基于英语学科核心素养的词汇教学要为主题语境和语篇理解服务，要结合语境中的任务合理选择词汇、设计活动，使词汇学习自然而然地融入信息处理活动之中，而不能仅从词汇学习的角度设计活动。教师应将培养学生的核心素养贯穿于英语教学的全过程。

参考文献：

[1] D. A. Wilkins. Linguistics in Language Teaching [M]. London: Edward Arnold，1972.

[2] 王蔷. 普通高中英语课程分析与实施策略 [M]. 北京：北京师范大学出版社，2010.

[3] 陈则航. 英语阅读教学与研究 [M]. 北京：外语教学与研究出版社，2016.

指向核心素养的英语文学作品阅读实践与研究

陈德江①

当前，高中英语阅读教学中存在一些比较普遍的问题，如阅读量较少、阅读模式单调、阅读活动范围狭窄、评价方式单一和阅读教学低效等。现行英语教材的课文篇幅较短，教师提供的课外阅读材料大多是与课文篇幅相当的语篇，学生阅读较长语篇的机会较少。同时，英语阅读教学往往以理解语篇、提高答题准确率为目标，以应付考试为出发点，并未留给学生充足的时间和空间去欣赏语言、感受文化，或就语篇内容进行深度思考。

语言兼具工具性和人文性的特征，是人类交流的工具和人类文明与思想的载体。学生在阅读英语文学作品时，能接触地道的语言，感受不同的语言风格，了解人物描写、情节安排和主题表达等方面的变化，克服生词、难句障碍和文化差异，享受阅读过程中获得的语言感觉和体验。[1] 理解作者的意图，与作者在思想上产生共鸣，从而对作品中的问题进行深度思考，并结合自己的人生经历反思自我，在生活中有所体现和改变，这正是英语阅读，特别是英语文学作品阅读的目的，更是培育学生核心素养的重要途径。本文从培育英语学科核心素养的角度探讨如何指导学生进行英语文学作品阅读。

一、英语文学作品和阅读模式的选择

挑选适当的英语文学作品是开展英语文学阅读的重要前提。高中学生求知欲强，渴望接触新事物，具有一定的语言积累、阅读能力和鉴别能力，但对中西文化差异的了解还不够，需要教师引导。在选择英语文学作品时，教师不仅要考虑学生的语言能力、思维发展水平和阅读特点，还要关注作品的时代背景、价值取向和教育意义，选择能够促进学生健康成长、有助于其形成积极的情感态度和价值观的优秀作品，同时还要注意处理好所选作品与教材的关系，不能用补充读物替代教材。

《普通高中英语课程标准（2017 年版）》指出，英语学科核心素养包括语言能力、文化意识、思维品质和学习能力。其中，二级语言能力素养要求学生能在最常见的语境中，较为熟练地整合性运用已有的英语语言知识，理解

---

① 陈德江，上海市长宁区教育学院国际教育研究室副主任，中学高级教师。

多模态语篇传递的要义和具体信息，推断作者的意图、情感、态度和价值取向。因此，在教学中，我们采用 RISE 阅读模式（阅读、理解、分享、评价）开展英语文学作品阅读。RISE 阅读模式的具体内涵为：R（Reading）——阅读作品，了解内容；I（Interpreting）——理解和内化作品意义；S（Sharing）——分享读后感悟，体验阅读的快乐；E（Evaluating）——关注过程性评价，及时反馈。在阅读英语文学作品的过程中，RISE 阅读模式能促进学生英语学科核心素养的培育。

二、英语文学作品阅读指导案例

"阅读英语文学作品，提升学生人文素养的探索性研究"课题组与华东师范大学附属天山学校英语教研组合作，自 2018 年开始，在高一年级进行了英语文学作品阅读的教学实践与研究，主要研究内容为教师如何把英语文学作品阅读有效融入高中英语学习，以及英语文学作品阅读教学对英语学科核心素养培育产生的影响。基于高中学生的阅读需求和语言能力，我们以内容的趣味性、语言的地道和可理解性以及主题的关联性为条件，选择了若干部英语文学作品作为阅读素材。比如，英国著名儿童文学作家 Roald Dahl 的 *Charlie and the Chocolate Factory* 不仅具有可读性和趣味性，还被拍成了电影。通过观看该电影，学生对故事内容有所了解，减少了阅读障碍。

（一）统筹规划，整体阅读

文学阅读的重心以故事情节、人物特征、优美语言和作者思想为主。围绕故事、人物、语言、思想等文学元素的阅读不仅生动活泼，还与学生的生活紧密关联，在提升学生语言能力的同时，也有助于其文化意识和思维品质的培养。

为确保英语文学作品阅读教学的顺利进行，学校将英语文学阅读课纳入学校课程体系，以整本书为阅读单元，统筹安排。英语教研组设计阅读日志（Reading Log）供学生记录阅读过程和撰写阅读感悟；在布置阅读任务时，教师要求学生在阅读日志中做笔记，分章节摘录好词、好句、好段，回答教师设置的问题，同时完成"从作品中寻找和品味作者对人物性格的描写"等任务。如此设计是对应 RISE 阅读模式中的阅读（Reading）和理解（Interpreting）的要求，让学生在阅读中品味语言之美、用词之精和情节构思之妙，提升其语言能力，增强其文化意识。

（二）任务驱动，提升思维

学生的思维方式、已有知识和分析问题的角度都会影响其对文学作品的理解。要提高学生阅读英语文学作品的成效，布置任务型的小组活动是一种有效的方法。比如，*Charlie and the Chocolate Factory* 的内容比较贴近学生生活，故事性和可读性都很强，其中一项读后任务就是"以小组为单位，根据自己的理解，以自己的独特构思，用关键词在思维导图上勾勒作品概要，张贴于墙报上，小组之间互阅、互评"。学生勾画文学作品概要的过程正是思维碰撞的过程，是对作品内容理解和内化的过程，也是促进小组讨论和巩固阅读成果的过程。在交流分享时，小组代表介绍思维导图的构思，陈述故事的概要，其思维能力和创造能力都得到了提升。这样的任务型活动调动了学生的积极性，引导学生主动阅读和积极思考，促进理解共情，提升思维品质。

（三）巧设活动，深度理解

Roald Dahl 在 *Charlie and the Chocolate Factory* 中对六位主要人物的刻画匠心独运，体现了作者的写作意图，这是理解该作品的关键。为检查学生对作品的理解，教师设计了如下任务："选择适当的形容词描写 Charlie 和 Wonka。"学生的英语词汇储备也许不能完全支撑其对人物的描写和讨论，这时使用一定的母语词汇帮助描述也是被允许的，因为文学阅读课应该首先关注学生对作品中人物、事件和背景的理解与思考，鼓励学生独立思考，反映他们的独特见解。这样的活动是语言体验的重要途径，有助于学生在真实的语境中学习和运用语言，促进语言习得，同时有助于学生了解中西方文化差异，对作品的内涵进行深度理解。

教师还可以设计其他活动，如：对作品中某个情节的完整演绎，对人物性格进行分析，设想人物性格的改变会对其命运产生何种影响；还可以根据一个片段或一段对话即兴表演，调动学生的积极性，满足学生的表现欲望，培养学生的语言能力和创造能力。这些活动的设计均基于 RISE 阅读模式，体现阅读的过程，关注学生对作品的理解和内化，鼓励学生交流和分享他们的思考和感悟，并从教师和同伴的评价中得到反馈和鼓励，让不同的理解在有创造力的诠释中碰撞出思想的火花。

（四）关注过程，撰写感悟

文学作品由多个要素组成，适当给学生介绍一些文学术语，有助于学生更好地赏析作品。[2] 比如，故事背景、人物特征、情节发展和主题交流是小说阅读的四大要素。故事情节由开始、发展、高潮和结局几个阶段构成，阅读汇报时也应体现学生对文学作品基本要素的分析，反映学生的思维过程和思想的变化。把握文学作品的情节和故事发展的脉络是理解文学作品的基础，教师要求学生在阅读后归纳总结出整个故事或某一章节中故事的起因、过程、高潮、结局等关键环节，促使学生在阅读过程中捕捉和记忆故事发展的重要信息，在头脑中形成故事的基本脉络，从而有利于对人物、主题、内涵、寓意等进行深层次的讨论和思考。在把握故事的基本脉络后，学生通过对人物的描述，复现阅读日志中汇集的新词和短语，这样既能增强记忆，又可感知作者对人物的情感和态度。就此，教师可以让学生以小组的形式分享对主要人物的分析，选派代表在全班分享，其他小组进行补充，以此加深对主要人物的理解。以下是学生阅读英语文学作品后在阅读日志中写下的读后感。

感想一（高一肖同学）：

Charlie behaved well and responded in a proper way during the visit to the chocolate factory, while the other boys were spoiled, appearing greedy and self-righteous. Though Charlie was born in a poor family, he was taught to be nice, kind, considerate and patient. Thus, he was chosen to be the owner of the chocolate factory in the end.

We are thinking what leads to Charlie's success: His poor experience, good luck or good appearance? The most important thing is his family education. He was taught to be kind, patient, caring and sensible.

肖同学与作者有思想交流，在价值观上产生了共鸣。出身贫寒的 Charlie 能克制自己，遵守规则，不像被家里宠坏了的 Augustus 他们那样贪婪和任性。他诚实善良、关爱家人、处事理智，所表现出的优秀品质符合 Wonka 选人的标准，所以他成功地拥有了这家巧克力工厂。

感想二（高一袁同学）：

Dr. Pedro Jose Greer Jr., is a powerful and great name. He is respectable, responsible, enthusiastic and determined. When he was young, he had a strong will to be a doctor like his father. The man in Bed 9 had no name and address in his medical bracelet, which changed his thoughts thoroughly towards the homeless. He decided to try his best to help the homeless live a better life.

He fought against the politicians to help homeless people. He became well known for his tireless work. Not only did he win the fight, but also he won everyone's heart. What he symbolized was not merely a doctor or medical ethics, but the kindness and compassion of the world and the hope of all the homeless. Undoubtedly, it was difficult, but once one overcomes all the predicaments, he will be the strongest.

袁同学的读后感从字里行间表达了对无偿帮助流浪汉就医的 Pedro Jose

Greer 医生由衷的敬佩，医生所体现的关爱他人、无私奉献、为穷困的人谋福祉的思想对袁同学产生了深刻的影响。

感想三（高一娄同学）：

I believe that it's a story about a boy whose life was full of frustrations but still full of courage and kindness to face the unusual life. Michael, who could fly, seemed to be strange and then was imprisoned in a hospital as a patient. After escaping from there, he lived with his parents on an island where there was no trouble until he was caught and encouraged to steal a significant document. He didn't want to do it, but he had to. He was forced to commit the crime. To his surprise, the police appeared and saved him.

Michael finally led an ordinary life as a teacher, teaching and supporting his students through his experiences of never giving in to setbacks and the wisdom of being kind to the world.

娄同学在 *The Boy Who Could Fly* 的读后反思中认同作者所表达的思想，认为 Michael 能够悔过自新，勇敢面对困难和挫折，向善而为，成为一名教师，用他自己的经历帮助学生成长，成就他人，成就自己。

从以上三位学生的读后感可以看出，他们在撰写和分享读后感的过程中，潜移默化地受到作品中真善美的感染和激励。文学作品的故事脉络、人物命运和社会背景给学生提供了深度思考的素材和空间，从而促进了学生思维品质的发展和学习能力的提高。

（五）总结反馈，评价鼓励

高中学生心智逐渐成熟，富有积极向上的竞合精神，渴望得到认可，希望充分展现自我。因此，根据高中学生的心理特点，教师可以组织一些具有竞争性和需要互动合作的活动，调动学生阅读的兴趣和积极性，鼓励他们用批判的眼光看待问题，探究、质疑，发表个人见解，在阅读日志中写下自己的点滴感悟。对待同一个人物或同一个话题，他们的观点可能大相径庭。如怎样看待 *Charlie and the Chocolate Factory* 中的主人翁 Charlie，有的学生认为他听话懂事，能克制自己且富有爱心；而有的学生认为他没有做什么特别的事就得到了整个巧克力工厂，有不劳而获之嫌。面对不同的声音，教师要善于捕捉学生思维的闪光点，始终以理解、包容、尊重的态度对待每一位学生，积极给予回应、反馈和指导，让学生体验阅读的快乐和分享感悟的喜悦。教师创设出轻松、愉悦的课堂环境，学生的批判性、创造性思维能力方能得到最大限度的发展。课堂评价是一种动态的评价，教师应充分运用多元的教学手段，让学生体验英语阅读的乐趣，其积极性、主动性、创造性才能得到充分发挥，从而有效提升语言运用能力，而这恰是评价的意义所在。

克拉申的语言习得理论指出，英语学习是一个信息加工的过程，即输入（语言的刺激）—贮存（语言的保存）—输出（语言的提取）。[3] 只有当学习者接触到可理解性的语言输入（comprehensible input），同时把注意力集中到对意义或对信息的理解而非对形式的理解时，语言习得才会发生。国内外有研究证实，阅读英语文学作品，让学生大量接触地道的英语语言表达方式，有助于学生扩大英语阅读量，自然习得语言。在高中英语教学中，教师要指导学生阅读英语文学作品，让学生置身于英语世界，接触地道、鲜活、纯正的英语语言，在轻松愉悦的环境中提高学生的学习积极性和主动性，使其增加语言输入，提高语言产出质量，培养综合语言运用能力，为可持续学习打下扎实的基础。

教师在英语文学作品阅读教学中应该起到指导作用，根据学生的年龄特征、语言能力、情感需求，精选文学作品，寻找恰当的切入点，运用 RISE 阅读模式，创设多元化的学习情境，让学生在丰富的语言学习活动中体验和感悟，使课堂成为学生感知客观世界、感悟生命意义和生命价值的场所。

参考文献：

[1] Grellet, F. Developing Reading Skills [M]. Cambridge: Cambridge University Press, 1981.

[2] 陶明天 . 从培养学生阅读策略，到引导学生个人成长——论高中选修课“英语文学欣赏入门”的课程目标与实施 [J]. 英语教师，2011（11）：6-9.

[3] Stephen D. Krashen. Principles and Practice in Second Language Acquisition [M]. Oxford: Pergamon, 1982.

英语学科核心素养之文化意识：实质内涵与实践路径

章策文[①]

一、文化意识的实质内涵

2003年版的《普通高中英语课程标准（实验）》（以下简称“课程标准”）以培养学生综合语言运用能力为课程的总目标，并细分为语言知识、语言技能、学习策略、文化意识和情感态度五个维度。最新颁布的《普通高中英语课程标准（2017年版）》（以下简称“新课标”）提出了英语学科核心素养主要包括语言能力、文化意识、思维品质和学习能力。虽然提法各不相同，但它们的精神实质是一脉相承的。与2003年版的课程标准相比，2017年版的新课标将语言知识、语言技能整合为语言能力，将学习策略深化为学习能力，保留了文化意识，增加了思维品质。思维贯穿语言学习的全过程、体现在日常生活的全方位，新课标体现了对学生思维发展与品质养成的重视。情感态度的培养贯穿在一切学科学习过程中。英语学科育人的目标就是要让学生形成正确的情感、态度、价值观，培育和践行社会主义核心价值观，把学生培育成具有中国情怀、国际视野和跨文化沟通能力的社会主义建设者和接班人。在以核心素养为主要特征的新课标体系中，情感态度的培育应该属于文化意识的范畴。因为文化知识的学习、文化行为的分析，必然使学生产生相应的文化价值判断、文化情感体验和文化态度确立。因此，在英语学科教育的过程中，丰富学生的文化知识、增加学生的情感体验、端正学生的文化态度、引导学生形成正确的价值判断、内化学生的文化品格、优化学生的文化行为是培养学生文化意识的重要内容。文化意识应该涵盖文化知识、文化技能、文化情感和文化行为。

（一）文化知识：积累丰富的中外文化知识

积累文化知识是语言学习的基础，也是形成文化意识的前提条件。只有当学生拥有足够的文化知识储备，熟悉各种文化现象，了解文化现象背后的历史渊源时，他们才有可能通过比较、分析，形成文化判断，做出文化取舍，

① 章策文，扬州大学教育科学学院博士研究生，南京外国语学校仙林分校英语教师，中学高级教师。

并将文化价值观内化成文化品格，外显为文化行为。文化是社会的产物，涉及社会生活的方方面面。在英语学习过程中，不仅要关注语言文字（如词汇、谚语、俚语等）本身所承载的文化内涵，也要关注英语国家社会生活中的物质文化，如餐饮、服饰、建筑、交通、发明创造等，以及精神文化，如哲学、文学、艺术、社会习俗、道德修养、生活方式等。此外，在学习的过程中，不仅要关注英语国家的文化，也要关注与之相对应的中国文化，不断积累中国文化知识，探究中国文化内涵，了解中华文化的意义。只有熟知中西方文化，才能进行合理的对比与判断，科学地鉴别与继承，在批判与反思中拓宽国际视野，理解和包容不同文化，坚定文化自信，形成正确的价值观和道德情感。

（二）文化技能：形成准确的文化判断

文化技能是指学生在积累了丰富的文化知识的基础上，通过对比、分析、综合等思维方式，结合时代背景和社会环境，对各种不同文化现象进行分析和鉴别，从而形成正确的价值判断的操作能力。文化知识的积累能帮助学生开阔视野，了解世界各个不同国家的建筑风格、服饰、饮食、自然环境等物质文化，更能让学生体验、领会不同民族的风土人情、社会习俗、节日传统、社会制度、价值追求等精神文化。面对纷繁芜杂、形态各异、良莠不齐的各种文化现象，英语学科教育有责任和义务培养学生的文化判断能力，提升学生的文化欣赏力和文化鉴别力。文化判断力的培养要从探究相关文化的社会历史根源出发，求本溯源，从社会生产和经济生活等客观角度探寻文化现象的本源，以及其在历史变迁中的发展演变，从而理解某种特定文化现象的历史性、民族性、时代性及发展性，培养学生在历史背景、社会环境等大背景下评价和判断文化现象的意识和能力，形成历史唯物主义文化史观，避免脱离历史环境的主观唯心的文化判断。在英语学科教育中，教师要鼓励学生结合时代背景，对比中西方不同的文化现象，分析其不同的历史渊源，明确其现实意义和价值，形成正确的文化判断，从而更好地继承和发扬人类优秀文化成果。

（三）文化情感：具备高尚的文化品格

文化情感是学生在分析文化现象、鉴别文化价值、完成文化判断后，对不同文化现象产生不同价值判断的外显性态度表现。文化意识的培养在文化情感领域的目标就是要将学生正确的、科学的、外显性的态度表现逐步内化成高尚的、内隐性的文化品格，内化成个体的气质特征。高尚的文化品格的形成要以准确的文化判断为基础，以端正的文化态度为纽带，以正确的文化价值观为保障。英语学科教育要调动学生的思维能力，综合分析各种文化现象，探析文化内涵和文化价值，形成正确的文化情感和态度，并在主题语境下，通过一系列的文化活动，将这种情感和态度恒定化、常态化，发展成为文化品格。文化品格本质上是主体在文化领域所持有的恒定的价值取向。

（四）文化行为：养成得体的文化行为

文化行为是文化品格的外在表现和行为取向，是个体在具体的社会环境中，对某一社会习俗、传统、做法、信念等文化外显活动的遵从或摒弃。养成得体的文化行为是文化意识教育的最终目的和归宿，也是立德树人的基本落脚点之一。英语学科的文化意识教育要培养学生在全球化的背景下，尊重、理解、包容不同文化，形成跨文化交际能力；继承和发扬优秀传统文化，借鉴、吸收优秀的外来文化；摒弃传统文化中封建、腐朽的部分，批判外来文化中没落、腐朽的部分；增强国家认同和家国情怀，坚定文化自信，树立人类命运共同体意识，学会做人做事，成为有文明素养和社会责任感的人，从而自觉养成得体的文化行为。

作为核心素养的文化意识是客观文化现象在人脑中的反映，文化意识的教育不应该停留在文化知识的获得、文化现象的观察这一表层，而应该深入挖掘文化现象背后的历史背景和社会根源，了解文化现象的历史意义和现实价值。文化意识应该是以文化知识为基础，以运用对比、分析、综合等思维方式形成文化判断为技能，确立正确的文化态度和情感，并内化成文化品格，最终表现为得体的文化行为取向。培养学生的文化意识是多维度、多角度、立体化的过程，是认知、思维、态度、品质和行为全面提升的过程。英语学科教育切不可舍本逐末，片面追求文化知识的积累，而忽视了认知、思维、态度、品质和行为的提升与发展，背离了核心素养的初衷。

二、培养学生文化意识的实践路径

核心素养视域下文化意识的实质内涵是培养学生文化意识实践路径的逻辑起点和实践基础。在当前条件下，要培养学生的文化意识，主要依靠课内渗透、课外滋养。教师首先要树立文化教育的意识，要深度挖掘教材中的文化元素，开展课堂文化探究活动，拓展文化教育资源，增加文化生活体验，从而帮助学生形成文化价值判断，并内化成文化品格，形成文化自觉和得体的文化行为取向。

（一）树立文化教育意识，提升文化教育能力

在核心素养时代，培养学生综合语言运用能力不再是英语学科教育的唯

一目标。语言能力、文化意识、思维品质和学习能力共同构成英语学科核心素养，共同构成英语学科教育的目标，共同服务于培养全面发展的人，共同促进落实立德树人根本任务。因此，教师要转变教学观念。课堂教学不能唯知识、唯语言，而要树立强烈的文化教育意识，要牢牢记住培养学生文化意识是英语课堂教学的基本目标和任务，是英语课堂教学的分内职责。教师只有从理论上理解、接受文化教育的必然性和重要性，才会在思想上高度重视，在行动上落实执行，才有可能让英语课堂充满文化气息。

教师文化教育意识的树立一定要坚持“专家引领”“同行示范”“自身反思”相结合的策略和路径，不能完全依赖教师自身的觉醒。长期以来，受应试教育的影响，基于语言知识的教学在中小学非常盛行。教师很难在短时间内突然转变观念，有些教师甚至会出现抵触情绪，担心关注文化教育会占用学生的时间，导致应试成绩下降。教育主管部门要聘请专家对教师进行培训，从理论上阐明文化教育的应然性、必然性和可行性，引领教师从理论上理解文化教育，在思想上重视文化教育。同时，还要鼓励一部分有理论素养、有探索精神、有改革意愿的教师做改革的先行者、探索者，在课堂教学中不断探索文化教育的思路和方法，总结得失，不断完善。在时机成熟的时候，让这一部分教师开设以文化教育为主题的示范课、研讨课，激发和带动更多的教师思考、行动。当然，所有的引领和示范作用的发挥最终依赖于广大一线教师的实践和反思。教师自身的实践与反思是课堂教学改革的动力和源泉，是树立文化教育意识，促进文化意识教育的根本推动力。

（二）挖掘语篇文化元素，深化学生文化认知

新课标指出，英语课程内容是发展学生核心素养的基础，应该包含主题语境、语篇类型、语言知识、文化知识、语言技能、学习策略六个要素。课堂教学要基于主题语境，依托语篇文化背景，教授语言知识，培养语言技能，形成学习能力，发展学生思维。对于语篇中的显性文化知识，教师要予以介绍、讲解和必要的扩充与拓展，使学生了解文化现象的历史与传承，了解其背后的社会背景和历史根源；要鼓励学生通过文化习俗介绍、文化类主题演讲、文化类海报制作等活动，牢固掌握文化知识，并在一定的范围内传播文化知识；要创造条件，设计课堂文化活动，使学生广泛参与文化体验，在体验中认识文化、接受文化、传承文化、传播文化。对于语篇中的隐性文化，教师要有敏感的文化神经，敏锐地发现文化元素，深度挖掘其文化内涵；要运用课堂教学活动的设计，引领学生发现隐藏在文本中的文化元素；要运用讨论、辩论、对比、分析、综合等手段和方法，使学生对不同文化有全面、客观的认知和评价，从而形成正确的文化判断、高尚的文化品格和得体的文化行为取向。

（三）举办校园文化活动，强化学生文化体验

文化意识的形成不能孤立地依赖课堂和文本。课堂和文本能给学生提供必要的文化知识，但离开了必要的体验、感悟与反思，学生很难形成正确的文化认知、文化判断、文化品格和文化行为。

举办校园文化节日活动，如外语节、文化节、艺术节等，设定文化活动主题，发挥学生主体作用，鼓励学生自主探究，利用各类资源，了解主题文化的内涵，开展丰富多彩的主题文化活动，如服饰文化展演、饮食文化展演、建筑文化展演、节日文化展演等。创造条件，让学生在活动中学习文化、感知文化、体验文化；在活动中探究文化、欣赏文化、思考文化、批判文化，从而形成正确的文化认知和文化价值判断。

校园文化活动的开展要具有全员性、多样性、体验性。要让所有学生都能参与到活动中来，做文化活动的参与者、实践者，在活动中审视文化。要有不同形式、不同主题的文化活动，避免单一、枯燥，要符合学生的身心特点，切实可行，要让学生能实实在在地参与其中，在活动中体验、感知、反思。

（四）拓宽文化教育渠道，丰富文化教育资源

文化意识的形成是一个长期的文化知识的积累过程和文化思维的养成过程。课堂和校园在文化意识的培养过程中扮演着非常重要的、不可替代的角色，但文化意识的培养更需要整个社会系统的支撑。从广义上讲，校园生活也是社会生活的一部分。学生应该在社会生活中接触文化、感知文化、体验文化、判断文化、反思文化。

学校和教师应该积极组织各类文化游学活动、交流活动，让学生实地体验各民族本土文化，在社会活动中获得对不同文化的感性认知。同时，鼓励学生积极运用资源，关注报纸、影视、网络等媒体中出现的各类文化现象，积累文化知识；引领学生积极运用思维策略，对不同文化现象进行有逻辑性的、批判性的思考，从而使他们能够从跨文化视角观察和认识世界，对事物做出正确的价值判断，形成正确的文化意识。

渗透中华优秀传统文化的高中英语教学策略研究

——以“Holidays and Festivals in the United Kingdom”的延伸教学为例

罗建军 ①

英语学科核心素养包括语言能力、文化意识、思维品质和学习能力。《普通高中英语课程标准（2017 年版）》提出：“文化意识是指对中外文化的理解和对优秀文化的认同，是学生在全球化背景下表现出的跨文化认知、态度和行为取向。文化意识的培育有助于学生增强国家认同和家国情怀，坚定文化自信，树立人类命运共同体意识，学会做人做事，成长为有文明素养和社会责任感的人。”[1]

在英语教学中渗透中华优秀传统文化，有助于学生培养文化意识，树立文化自信。基于此，英语教师应在教学中注重培养学生端正的文化态度，帮助学生树立正确的文化观，建立对中华优秀传统文化的自信，渗透积极传播中华优秀传统文化的意识。

英语教材是培养学生文化意识的重要载体。为了让学生能够接触原汁原味的英语，教材中会有一些涉及西方文化的元素，如节日、饮食、人物、风土、娱乐等。上海新世纪版高中英语教材高一上册 Unit 4 的主课文“Holidays and Festivals in the United Kingdom”相对详细地叙述了英国的两个重大节日——复活节（Easter）和圣诞节（Christmas）的日期、意义、饮食和庆祝活动；补充阅读材料“How Do Different Cultures Around the World Celebrate the New Year”介绍了意大利、墨西哥、纽约和伦敦迎接新年的仪式和活动。那么，如何引导学生关注中华优秀传统节日，在学习、比较中外优秀文化的过程中学会鉴赏、批判、反思和包容，拓宽国际视野，在认识、理解不同文化的同时，形成正确的文化意识，树立民族文化自信呢？

我们可以通过增补相应材料的方式，让学生感悟中华优秀传统文化，设计内化环节让学生体验中华优秀传统文化，创设活动框架让学生展示中华优秀传统文化。下面以课文“Holidays and Festivals in the United Kingdom”的延

① 罗建军，上海市育才中学教师。

伸教学为例，阐述在高中英语教学过程中渗透中华优秀传统文化的策略。

一、增补阅读资源策略——让学生在阅读中感悟中华优秀传统文化

根据语篇功能学的观点，同一主题的篇章都有相同或相似的语篇特征。[2] 例如，节日介绍类语篇往往包括节日的庆祝时间、目的、饮食、活动及其含义。教师可以根据节日介绍类语篇的篇章脉络和说明文的要素来介绍中华文化中的传统节日，作为“Holidays and Festivals in the United Kingdom”这一课阅读资源的增补。学生可以在感受和构建节日介绍类语篇篇章系统的同时，以英语的形式了解中华传统节日，掌握相关的词汇和文化知识，为后期的学习任务和活动做好知识和词汇上的准备。

这一课课文讲述的是英国的两个重大节日——复活节和圣诞节。中华文化历史悠久，源远流长，同样有自己的传统节日。中国的很多传统节日由来已久、内涵丰富，有诸多可以挖掘的内容，其中最具有代表性的就是春节、清明节、端午节和中秋节。*CHINADAILY* 微信公众号每逢中华传统节日或者有传统文化意义的日子（如二十四节气）都会发布相关的英文版知识信息。教师可以根据教学的需求，借用或改编适合学生发展的阅读增补材料。

二、设计辩写任务策略——让学生在辩论和写作中感悟中华优秀传统文化

文化知识的简单泛读和文字传递并不能直接化为内在素养。Rick（2004）对语言中的文化教学理论与实践进行了研究，提出文化“体验”与“实践”应贯穿、渗透于语言文化学习的全过程。[3]

阅读资源的增补对学生文化意识的培养来讲仍旧是不够的，只能算是一种文化知识的被动输入，教师还需要设计一些输出型的任务和活动让学生把这些文化知识内化。比如，教师选好辩题，设计辩论活动，让学生进行中西方文化对比，或者产生传统文化与现代观念的碰撞，通过文化的对比，让学生发现他们的母语和目标语的文化之间的异同，从而获得一种跨文化交际的文化敏感性。[4]

以课文“Holidays and Festivals in the United Kingdom”的延伸教学为例，教师在教学期间可以设置辩题“Should China’s English learners know more about western or Chinese festivals? ”，学生分成两组进行辩论，辩论双方在经过一个双休日的准备之后，分别提出各自的观点。

支持多了解西方节日文化的观点有：The aim of English learning is to communicate with foreigners. By learning more about western festivals, we can know more about western culture, which will enable us to communicate better with westerners. Just as the saying goes, when in Rome, do as the Romans do. Knowing more about western festivals will also help us enjoy the festivals more when we are abroad.（语言学习旨在与外国人交流。通过学习更多关于西方节日的知识，我们可以了解更多西方文化，这让我们能更好地与西方人交流。俗话说，“入乡随俗”。当我们在国外时，知道更多关于西方节日的知识也将帮助我们更加享受节日。）

支持多了解中国节日文化的观点有：The aim of English learning is to communicate with foreigners. By learning more about Chinese festivals, we English learners can communicate Chinese culture to westerners better. Just as the saying goes, when in Rome, do as the Romans do. We don't need to know much about "Roman" culture when in "Rome", because we can just follow and enjoy. But a Chinese abroad is a Chinese culture ambassador, and being unable to express themselves about Chinese festivals when asked would not deserve respect from westerners.（语言学习旨在与外国人交流。通过学习更多关于中国节日的知识，我们这些英语学习者可以更好地向西方人介绍中国文化。俗话说，“入乡随俗”。在其“乡”时，我们没有必要了解太多其“俗”，因为我们只要跟随和享受即可。但是一个在国外的中国人就是一个中国文化大使。如果他不能在被问及的时候，就中国节日进行自由的表达，他是不会得到西方人的尊重的。）

辩论之后，教师还可以要求学生进行关于中华优秀传统文化的探究性小论文的写作。把辩论过程中的所想所得修改调整，付诸文字，形成一篇有深度的探究性论文。此外，教师还可让学生尝试翻译中国古代的优美诗词，让学生在翻译活动中加强对中华优秀传统文化的情感认同，增强文化自信。比如，关于中秋节的月圆之夜，我国古代诗人有大量的作品流传至今，学生选取喜欢的古诗词进行翻译，在欣赏其优美意境的同时，增强了自身的文化底蕴，提高了英语语言文字能力。以下是两位学生在教师的指导下翻译、润色的古诗词名句。

海上生明月，天涯共此时。

Over the sea shines the moon, full and bright. Though far apart, we together shower its light.

明月几时有？把酒问青天。

When will the full moon rise high? Wine cup in hand, I ask the sky.

三、鼓励表演展示策略——让学生在表演或演讲中传播中华优秀传统文化

在文化实践阶段，教师可以结合教学内容，设计一些与中华优秀传统文化相融合的活动，鼓励学生尝试创作各种作品，在创作作品的过程中践行、巩固所学的文化知识，提升文化素养。

在英语教学中，教师可以提供一个平台，比如课前两分钟演讲，鼓励学生就最近所学课文的主题延伸、发散出去，根据某一个具体的要点，陈述一个文化故事、一段背景渊源、一段个人见解、一段建言倡议等。以课文"Holidays and Festivals in the United Kingdom"的延伸教学为例。教师布置任务，请学生按照学号顺序，一课一人进行两分钟的课前演讲，要求围绕中华传统节日的主题，可叙述，可说明，可议论。学生的选题总体集中在节日的起源、涉及的人物故事、特色食物及由来或含义、庆祝活动的渊源和目的等，具体如表1所示（以春节为例）。

表1 学生演讲选题示例

1.The Story of the Monster "Nian"（怪兽"年"的故事）
2.The Origin of the Lunar Calendar（农历的起源）
3.Why Do We Paste Couplets / Reversed "Fu" on the Gate（大门上贴春联 / 倒"福"的由来）
4.Who Are the Two Door-Gods?（门神是哪两位？）
5.How Are Firecrackers Produced?（爆竹是如何生产的？）
6.What to Eat for the Spring Festival?（春节吃什么？）
7.When Do People Celebrate "Xiaonian"？（"小年"是哪天？）
8.The Differences Between North and South in Celebration of Festivals（南北方过节差异）
9.What Do People Do on New Year's Eve / the 1st/ 2nd / 3rd Day of the Chinese New Year?（人们在除夕 / 初一 / 初二 / 初三做什么？）
10.The Origin of "Red Packets"（"红包"的起源）
11.The Implication of the Value Numbers of "Red Packets"（"红包"数字的含义）
12.How to Accept "Red Packets" Politely and Properly?（如何礼貌、恰当地接"红包"？）
13.How to Invest with Your "Red Packets"？（"红包"如何投资？）
14.My Ideal Way to Celebrate the Spring Festival（我理想的过年方式）
15.One Unforgettable Spring Festival（一个难忘的春节）
16. …

学生在有限的时间内，无限地发挥着自己的想象，挖掘春节各个方面的文化知识，体会中华优秀传统文化的渗透与传承，潜移默化地学习、内化和拓展传统文化知识，提升优秀传统文化的传播力。

除此之外，教师还可以专门留出一节课进行迷你剧（5 分钟以内）汇报演出，鼓励学生发挥想象，转化文本信息为迷你剧剧本对话（三人以内角色），组织学生进行角色扮演。以下是一组学生根据清明节的传说故事改编的迷你剧《清明》。

（In the Imperial Palace）

（在皇宫）

S1（Prime Minister）: My King! Congratulations on your becoming the king! Thank you for appointing me as your prime minister. But I think you may have forgotten someone important, Jie Zitui, who cut one piece of flesh off his thigh and fed it to you after you fainted because of starvation.

学生一（饰相）：我的王！祝贺您登上王位！感谢您封我为相！但是我想您可能忘记了一个重要人物——介子推。他曾经在您饿晕之后，切了一块自己的大腿肉喂给您吃。

S2（Chong'er, the King）: Oh, how forgetful I was! Hurry, summon Zitui right now to me! No. I will visit him personally. Come on! Follow me!

学生二（饰王，重耳）：哦，我好生健忘！快，马上传介子推！不，我亲自去见他。快！跟上！

（In Jie Zitui's house）

（在介子推家）

S1（Prime Minister）: My King! Zitui is gone. He left a note here.

学生一（饰相）：我的王！介子推走了，他留了张字条在这儿。

S3（Jie Zitui）:（background voice）My King, I know you will come to offer me a high status. But my mother is too old to take care of herself. I can't leave her alone. I want to retire. Don't look for me.

学生三（饰介子推）：（背景声音）我的王！我知道您将许我高位。但是我的母亲已年迈，无法照顾自己，我不能留下她一个人。我想告老还乡，请不要找我。

S2（Chong'er, the King）:（cry）Zitui, your mother is also mine. We can look after her together. Please don't leave me.（to S1）Find him!

学生二（饰王，重耳）：（哭）子推，你母亲就是我母亲，我们可以一起照顾她。不要离我而去。（对学生一说）找到他！

（In the Mianshan Mountain）

（在绵山）

S1 (Prime Minister) : My King ! According to our investigation, Zitui lives in this Mianshan Mountain. But he hides himself and refuses to see us.

学生一（饰相）：我的王！根据调查，子推住在这座绵山。但是他藏起来了，不肯见我们。

S2 (Chong'er, the King) : Burn the mountain, and that will force him to come out of it.

学生二（饰王，重耳）：烧山，把他逼出来。

(In the Mianshan Mountain three days later)

（在绵山，三天后）

S1 (Prime Minister) : (cry) My King, we have burnt out the whole mountain. But Zitui stubbornly refused to get out. He had himself and his mother burnt to death. Here is a poem he left for you.

学生一（饰相）：（哭）我的王，我们烧光了整座山，但是子推执意不出来，和他母亲一起被烧死了。这是他留给您的一首诗。

S3 (Jie Zitui) : (background voice) Cut my thigh and serve my King out of loyalty, wish my King brightness and clarity.

学生三（饰介子推）：（背景声音）割肉奉君尽丹心，但愿主公常清明。

S2 (Chong'er, the King) : (cry to the sky) Zitui! (to S1) Zitui's death day shall be a festival. Name it "the Qingming Festival".

学生二（饰王，重耳）：（仰天而泣）子推！（对学生一说）把子推的死期设立为一个节日，就叫"清明节"。

迷你剧的剧本编写让学生经历解读故事、转化文本、设置角色、创设情境、设计动作、编辑对话、翻译内容等过程，在学习英语的同时，产生别样的文化感悟和文化体验。迷你剧的舞台表演让学生经历解读剧本、体会角色、想象情境、体会动作、感受情感、练习对话等过程，在参与的同时，享受乐趣，增强文化自信，进行充分的文化实践和文化传播。

除了关于节日主题的文章以外，英语教材中还涉及其他很多文化方面的知识，如人物、风俗、艺术、城市、旅游、教育、娱乐、报刊、运动、购物、文学等。教师可以根据教学要求、学生发展、学校条件，相应地进行延伸教学，深度挖掘，采取相宜的策略，找准时机，在英语教学中进行中华优秀传统文化的渗透。

很多学校在寒暑假期间会开展一些中外结对学校的校际交流活动。比如，上海市育才中学与德国汉堡的汉莎中学每年都有学生互访活动，不管是中国学生到德国去，还是德国学生到中国来交流，不管是在学校进行交流活动，还是到对应学生的家里寄宿，经过充分的英语学习，中国学生都可以使用英语向外国朋友介绍中国的优秀传统文化。

总而言之，英语教学不能成为简单的词汇、语法教学，更不能是机械的应试应考教学，而应关注学生英语学科核心素养的培育及文化意识的增强和文化传播能力的提升。中华文化博大精深、源远流长，在英语教学中渗透中华优秀传统文化，需要全体教师共同努力，需要各个学校的全面支持。

参考文献：

[1] 中华人民共和国教育部．普通高中英语课程标准（2017年版）[S]．北京：人民教育出版社，2018.

[2] Halliday，M. A. K. & Hasan，R. Cohesion in English [M] .London: Longman，1976.

[3] 黄丽燕，等．“策略指导促自主学习”英语教学模式 [M]．广州：广东教育出版社，2017.

[4] 程晓堂，赵思奇．英语学科核心素养的实质内涵 [J]．课程·教材·教法，2016，36（5）：79-86.

高中英语戏剧课教学模式探索

周珠花[①]

一、引言

根据高中英语学科核心素养对“语言能力”和“思维品质”的界定，高中英语在实施教学的过程中，无论什么课型，都要围绕能够充分培养学生语言能力和思维品质来设置任务。笔者经过多年的实践，认为让学生通过小组合作学习共同完成任务（如编短剧、做采访、做辩论、对话、演讲、模拟上课等），是培养学生语言能力和思维品质的比较有效的手段。在这些任务当中，效果最好的当数学生根据要求自编自演的戏剧活动。但学生如何能够真正编好、演好自己的剧本，真正达到在活动中掌握英语的目的，是我们一直探讨的问题。

二、戏剧课的教学实施

1. 教学内容分析与学情分析

本节课的教学内容为人教版高中英语第 3 册 Unit 3 “The Million Pound Bank Note”。这是著名小说家马克·吐温的代表作之一。故事讲述了两个年老富有的兄弟突发奇想：假如一位聪明、诚实的外地人在伦敦落难，他举目无亲，除了一张无法证明是他本人拥有的百万英镑大钞外，一无所有，他在伦敦生活一个月后会有怎样的遭遇？两兄弟为此打赌，哥哥认为他会饿死或者被警察抓住；弟弟愿意出两万英镑打赌他不会饿死，而且也不会进监狱。后来他们选定了一个因为船只发生意外而流浪到英国的美国人亨利，并把百万英镑大钞给了他。结果人们对这位暴富的穷人拼命巴结，从免费吃饭、免费买衣服，到免费住宿，他的社会地位不断提升，并且还赢得了一位漂亮小姐的爱情，拥有一份体面的工作，过上了幸福的生活。本单元是高中英语必修课程接触到的第一个剧本，戏剧体裁在选修模块还会出现。所以在教授本单元时，教师除了要启发学生理解故事的思想内涵外，还要引导学生通过戏剧的情节发展，了解戏剧的基本特点和要素（如时间、地点、人物、戏剧冲突、

① 周珠花，广东省江门开平市开侨中学前校长，英语高级教师。

戏剧语言等）；在理解全文内容的基础上，能够成功地演绎整个戏剧；学会分析戏剧人物和写影评；在完成各个任务的过程中培养合作意识，形成正确的金钱观。

本课例的授课对象是高一年级刚分文理科的文科班学生，总体来说英语基础比较好，但也有个别学困生；学生之间还没有熟悉，小组成员之间的合作还在磨合当中。所以笔者在设计任务的时候按照“简单、根本、开放”的原则进行，让每个学生都能够“动起来”。

2. 课堂教学实施

课堂的教学实施围绕高中英语的核心素养，即语言能力、文化意识、思维品质和学习能力这 4 个维度展开，主要包括 6 个步骤。

步骤一：2 分钟的课前演讲。笔者提前布置学生周末在家观看《百万英镑》这部电影，写出观后感并在课堂上分享。此举意在加深他们对外国文化的理解和认可，对比中外文化的异同，形成正确的价值观。

步骤二：用 2 分钟展示本节课的教学目标，让学生带着任务学习。通过学习，要求学生能够：（1）掌握戏剧的基本特征；（2）理解《百万英镑》的内容并能够成功地表演出来；（3）分析剧本的角色并写出影评；（4）增强合作意识，形成正确的金钱观。

步骤三：用 1 分钟复习本单元的关键词汇。让学生从存储的知识和积累中提取或重新获得相关的知识，为后面的语言输出做准备。

步骤四：本节课的重点，需要 30 分钟让学生进行课堂展示，目的是提高学生的语言能力。教师围绕学习目标，设置了四大任务，包括寻找如何成功表演好一个剧本的建议（1 个小组完成）；观看剧本并进行配音（2 个小组完成，分别是《打赌》和《拿到信》）；按照剧本情节表演剧本（4 个小组完成，分别是《在餐馆》《在裁缝店》《亨利和波西亚》和《结局》）和对剧本人物进行分析（1 个小组完成）。同时，教师明确各个任务的具体要求，包括用到本单元学习的关键词、交际功能和语法；每人必须负责一项任务，脱稿演出，时间不能超过 5 分钟；展示过程中由两位英语课代表主持并充当旁白等。这样，学生在完成各自任务的过程中，不仅提升了自己的输出能力，提高了他们合作学习的默契度，还给其他学生带来更多“听力”训练和启发。任务设置的多样性，让学生能够多维度体验戏剧的学习模式，大大调动了他们学习英语的积极性。通过完成任务，学生能进一步增强语言意识和英语语感，掌握英语语言知识并在语境中整合性地运用所学知识，有效使用口语传递意义并进行人际交往。

步骤五：4 分钟的总结提升。在学生了解本课全部内容的基础上，教师进行提升点拨，对戏剧内容做总结，并结合高考语法填空题目的考点要求，设计语法填空练习，进一步提升学生的能力。

例如：This story takes place in London, where two rich brothers want to make __1__ bet on the Million Pound Bank Note. They want to see how Henry Adams, a penniless American businessman, can survive with the note in a month. One brother believe that the note will be __2__ (use) , for Henry will be difficult to exchange that note in the bank without __3__ (question) how he got it and even he may be charged with theft and arrested. He will also not be able to spend it __4__ no one will be able to change it. __5__ the contrary, the __6__ believes that even though no business will be able to offer __7__ (change) , the businessman's mere possession of the note will urge everyone to provide credit, __8__ (believe) him to be rich. When the deadline is coming, instead of starving to death __9__ being arrested, Henry becomes a millionaire and wins Portia's heart. They get married __10__ (happy).

步骤六：1 分钟布置家庭作业。教师设置了一个二选一的作业，便于学生分层学习：(1) Imagine that after Henry marries Portia, he has bad luck in business and becomes poor again. Now he must tell his wife the bad news. Make up a dialogue between Henry and Portia and act it out. (2) Create your new scene of the play according to the general idea of the play and act it out. 本设计可以培养学生的思维品质，使其能通过分析、推断信息的逻辑关系，正确评判各种思想观点，理性表达自己的观点，初步具备用英语进行多元思维的能力。

3. 课后反思

本节课教学效果良好，是一次有益的戏剧教学的尝试。教师要上好英语的戏剧教学课，要充分考虑以下几点。

（1）要注意对学习小组的打造和培养，按照“人人有事干，事事有人管”的原则培养，真正实现“兵教兵，兵更强”，充分发挥学习小组的作用。

（2）围绕每个单元的话题，教师按照“小立课程，大做功夫”的原则提前布置学习任务（即给学生的学习内容要尽可能地精简，让学生有更多的时间和精力进行大量的活动），才能确保小组展示的流畅，从而有效调动大部分学生学英语、用英语的热情，确保学生真正在英语大活动中掌握英语，从而进一步提升学生的学科核心素养。

（3）教师提前给学生布置观看完整的戏剧影片并写影评的任务。人教版高中英语第 11 册书中出现的 3 个单元的戏剧，都可以为学生提供相应的电影素材，提前熟悉整个情节和内容，能够为他们在课堂上的生动演绎奠定基础。

（4）充分利用班级微信群和QQ群，组织学生进行讨论和学习，包括分享影评、推荐有趣的英文电影或英文原著，以及TED演讲素材、学习方法、英语趣配音的任务分享，等等，大力营造学习英语的氛围。

第四节 读写结合，培养综合素养

基于文学作品阅读的高中英语读写能力培养

任 玲①

“理解和欣赏部分英语优秀文学作品”是《普通高中英语课程标准（2017年版2020年修订）》中选择性必修的文化知识内容的要求之一。[1] 英语文学作品题材丰富多样，优秀的作品语言纯正地道，蕴含着发人深省的思想内涵，阅读优秀的英语文学作品是一种行之有效的获得语言输入的方法。学生通过阅读英语文学作品，对作品进行阐释、交流、讨论，吸收、内化所输入的文本信息。而文本意义的最终建构表现为语言的输出，学生的写作活动就是一种重要的语言输出形式。在实践中，笔者尝试将英语文学作品阅读和英语写作有机整合，以读促写、以读促思，促进学生语言能力和思维品质的和谐发展。以下内容是在英语文学作品阅读与写作整合上的一些实践探索，与大家分享。

一、选择优秀的文学作品

文学作品是一种人文性强、具有丰富文化特点的学习素材，不仅能帮助学生开阔视野、学习地道生动的语言，还对增强学生的人文底蕴，丰富其精神世界起着潜移默化的作用。在英语文学作品的阅读教学中，作品的选择应遵循三个原则：启迪育人、学生喜爱、程度适合。首先，作品主题要有深刻的立意，有利于培养学生积极向上的人生观、世界观和价值观；其次，要有助于激发学生的阅读兴趣，符合高中生的心智特点，情节动人；最后，语言难度要适合高中生的英语水平。

笔者所在学校探索英语文学作品阅读教学已有六年，积累了一定的经验。其间，学校精选了如 *Charlie and the Chocolate Factory*（《查理和巧克力工厂》）、*Dare to Care*（《勇于关爱》）、*The Great Gatsby*（《了不起的盖茨比》）、*The Phantom of the Opera*（《歌剧魅影》）、*Rebecca*（《蝴蝶梦》）、*Wuthering Heights*（《呼啸山庄》）、*The Boy Who Could Fly*（《屋顶上的男孩》）、*The Green Room*

① 任玲，华东师范大学附属天山学校教师，高级教师。

(《绿房子》)等优秀的英语文学作品提供给学生。这些作品题材丰富，包括人物传记、名家名篇、经典作品简写本、当代国际青少年文学获奖作品等，篇幅大多在12000~30000字之间。作品文字优美动人，富有思想内涵，传递了积极向上的人生观、世界观和价值观，能够激发学生的求知欲与创造性。

二、自主阅读，完成日志

阅读英语文学作品的过程是学生自主完成的，对作品的理解是个性化的，这种自然习得语言的过程，有利于培养学生的综合语言运用能力和自主学习能力。对于阅读，教师首先要有清晰的规划，明确学生的阅读进度，布置相应的阅读任务。学生根据教师拟订的阅读计划，合理规划时间，自主阅读指定的作品。文学作品阅读贵在坚持，阅读期间，教师有必要布置一定的阅读任务来检测学生的阅读情况。鼓励学生填写阅读日志就是一个好办法。阅读日志的填写不求面面俱到，但要求有所感知、有所思考、有所感悟。学生针对作品中的某句话、某段描写、某处心理刻画发表的看法，教师都应及时鼓励。教师适时的引导和鼓励能够促使学生对英语阅读做出正确的反应，增强自信心，敢于发表个人独到的见解。以下是笔者设计的英语文学作品阅读日志（表1）。

表1 英语文学作品阅读日志

Date: ______ From Page___ to Page___ 1.What did you read today? Be as specific as possible.（你今天读了什么？） 2.How did you feel about what you read today? Why?（你有什么感受？为什么？） 3.Think about your favorite character. What happened to him/her?（你最喜欢哪些人物？他们遇到了什么事情？） 4.How would you feel if the same thing that happened to him/her, happened to you?（要是这些事情发生在你身上，你会怎么想？） 5.What questions do you have about what you read today?（就今天所读的内容，你还有什么问题？） 6.What do you predict will happen next in this story (or later in the story)?（你估计这个故事后面会怎样发展？）	Vocabulary Builder (Please write the word, part of speech and meaning) ____________________ ____________________ Sentences ____________________ ____________________ My Favorite Part ____________________ ____________________

对于一周阅读的内容，学生可以逐天分别记录些许阅读感悟，可以是情节回顾、预测故事发展、质疑、联系生活或展开想象（表2）。教师应鼓励学生大胆运用作品中的词汇，由语言输入（读）逐步过渡到语言输出（写）。

表 2　一周阅读任务

Weekly Reading Homework Week:　　　　　　Date:
Directions: Read for 30 minutes each night and write a reading response, using one of the following reading strategies. Then complete the reading log on the back.
Write a summary　　Make a prediction Ask a question　　Make a connection　　Visualize

三、梳理脉络，绘制思维导图

思维导图（Mind Map）通过图文并茂的形式把抽象的发散性思维图像化，促进知识结构的可视化。文学作品中的人物关系、情节发展都非常适合绘制思维导图，它可以帮助学生梳理思路，展现作品的内在框架结构。例如，简写版小说《歌剧魅影》，前三章中各色人物纷纷登场，一时让人眼花缭乱。为帮助学生减少阅读障碍，教师可以请学生绘制人物关系图谱，梳理人物关系：先确定中心人物形象（即三名主角）为主支，他们与近二十位配角的关系为分支，中间标明关键词，如身份、动作、场景等。阅读过程中可继续增补人物。图 1 为学生绘制的简写版小说《歌剧魅影》的人物关系图谱。

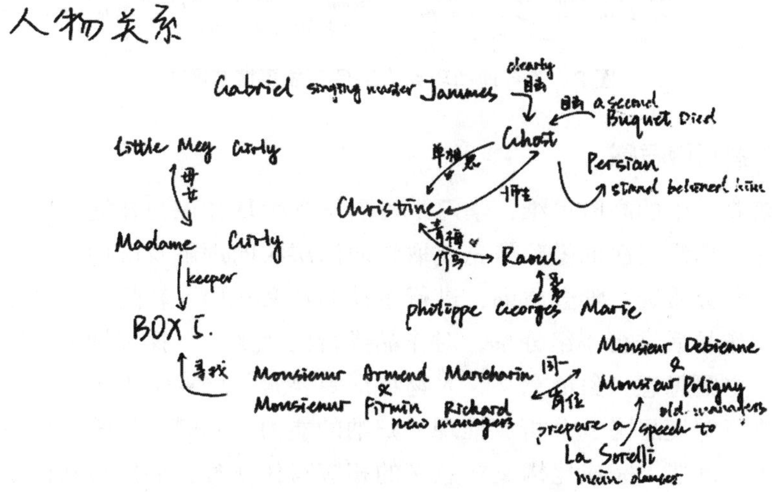

图 1　《歌剧魅影》人物关系图谱

又如，在布置阅读小说《查理和巧克力工厂》任务后，请学生梳理故事情节。以巧克力工厂为中心，发散若干分支：工厂主人 Willy Wonka 和他的故事，五位参观的小孩的姓名、性格、行为，故事发展流程等。在确定好思维框架后，学生运用了鱼骨图、流程图、树状图等形式，生动再现了故事的脉络。图 2 为学生绘制的小说《查理和巧克力工厂》故事情节图谱。

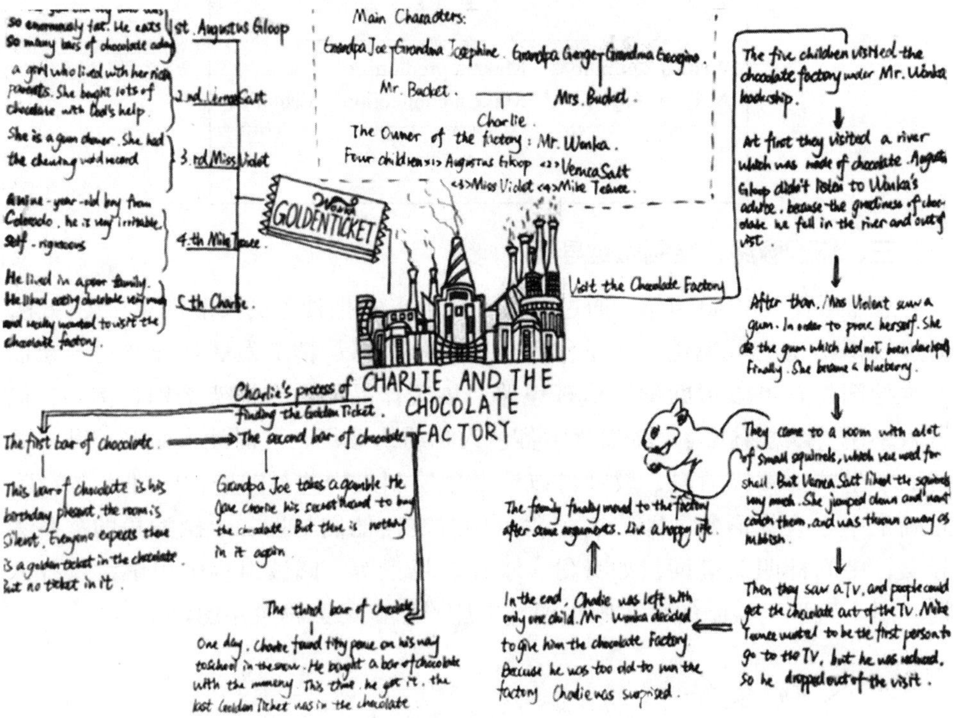

图 2 《查理和巧克力工厂》故事情节图谱

四、撰写读后感

为培养学生的高阶思维，学习中可引导学生从知识与技能的习得转向思维的学习，从浅层次的零碎信息获取转向深层次的理解及应用，帮助学生学会思考、学会质疑、学会质询，进行主动的意义建构。教师需要鼓励学生在阅读文学作品后进行小组分享，对作品进行内化加工，探究情节、结构、环境描写、主题思想、象征意义、人物特征等要素，培养学生运用自己的语言对作品进行深度思考、分析、推理、归纳的能力。同时，鼓励学生总结、反思、评价、创造，完成建构文本意义的相应写作任务，如撰写阅读感想，在语言运用中实现阅读和写作能力的自然整合，培养高阶思维。

1. 情节概述

文学作品的故事情节是写作的根基，有助于回顾主要事件、人物，复现词汇，内化语言。教学中，教师可以请学生根据故事发展的脉络书写故事概要，也可以为学生提供信息结构图，让学生用自己的语言概述故事背景、人物形象、主要情节、矛盾冲突、解决方法。有的故事不止一条主线，如小说*Holes*（《别有洞天》）中两条主线交织，其关联若隐若现，教师可以请不同小组的学生各自选取一条主线进行概括，两组学生合作完成整本书的概述。

2. 人物评价

等学生阅读完全书后，教师可以引导学生用人物分析法选取一到两个人物进行分析，对其语言、思想、对他人的影响、行为、外貌等进行描述，并提供以下问题（表 3），帮助学生找到思考方向。学生在评价人物的过程中既用到了书中的词汇、思想观点，也融入了个人的感悟、体会，与作者进行交流。

表 3　人物分析表

Speech	What does the character say? How does the character speak?
Thoughts	What is revealed through the character's thoughts and feelings?
Effects on others	What is revealed through the character's effect on other people? How do other characters feel or behave in reaction to the character?
Actions	What does the character do? How does the character behave?
Looks	What does the character look like? How does the character dress?

教师也可以提供信息结构表（表 4）辅助学生评析人物。教师还可以适当给学生提供语言支架，帮助学生运用丰富、优美且贴切的语言去描绘人物，引导学生关注人物的多面性，分析其成因，培养学生的批判性思维。

表 4　信息结构表

Character Grid	Instructions: Fill in the boxes to show what you have learned about characters from your reading.		
Character:	Title:	Author:	
What the character says and thinks	What the character looks like	What the character does	What others in the story say and think about the character

3. 联系实际

文学作品中蕴含着作者的思考，不同的读者也可以解读出不同的含义。

教师的任务是帮助学生搭建脚手架，鼓励学生对文学作品持有不同的观点，引导学生在阅读的过程中将作品中描绘的他人的世界和个人的已有经验及经历联系起来。如引导学生思考：你有没有作品中的人物那样类似的经历？相似之处在哪里？不同之处在哪里？能否尝试分析一下造成差异的原因？[2]

例如，在阅读完小说《歌剧魅影》后，请学生联系生活实际，畅谈对爱、以貌取人等现象的看法。学生谈到对正面人物 Raoul 的评价——他虽深情款款，但没有设身处地地为 Christine 考虑，他的爱与有些父母给予孩子的爱有几分相似，自认为是为对方好，却不知对方的真实需求。而 Erick 对女主角痴迷的爱，充满占有欲和控制欲，也是让人难以接受的。所以，我们要学会尊重、理解、包容他人，唯有这样的爱方能长久。此外，Erick 的悲剧也源于他极度丑陋的外表，他耀眼的绝世才华不能换取世人的接纳，令人惋惜。学生反思后得出“以貌取人不可取”等观点。

五、改写

小说的改写是对文本的二次创作，融入了读者的理解、想象和期望。在英语文学作品阅读教学中，一种做法是可以把故事改编成剧本，为之后的角色扮演做准备。学生以小组为单位，选取他们喜爱的角色进行扮演。学生自己化身为书中的人物，转换人称、定位，设身处地地去仔细揣摩人物的心理、场景、对话。剧本的生动依赖于具体的细节，学生在改写剧本时既可以就地取材，选用作品中已有的场景、对话，也可以用自己的语言创造对话，丰富细节。

对小说的特定情节进行改写也是促进读写结合、培养学生读写能力的行之有效的方法。如，在学生阅读小说《歌剧魅影》后，教师设计如下几个问题，引导学生对故事进行改写。

1. Suppose you were a journalist who writes about music, especially about opera. Write a report about Christine's triumph in *Faust* when she sings in place of Carlotta.（假设你是一名报道音乐，特别是歌剧的记者。请你写一篇关于 Christine 代替 Carlotta 在歌剧《浮士德》中进行精彩演出的报道。）

2. Suppose you were Raoul. Write a description of the torture room, how you felt in there, and what you thought would happen.（假设你是 Raoul。请你写一篇关于囚禁室的描述，包括你被困在里面的感受，以及接下来会发生什么事情。）

第一个问题以记者的第三人称视角报道女主角 Christine 在歌剧《浮士德》中的精彩表现。此写作任务既可以总体回顾剧情——换角风波，也可以抓住新闻报道特定的语篇特征进行特定文体的写作训练。第二个问题是以第一人称 Raoul 的身份描述其被困于机关重重的囚禁室的感想、体会，并预估情节的发展，学生会有强烈的代入感，深切体会 Raoul 身陷囹圄的无助与绝望。

六、续写和创写

故事的续写和创写将阅读的语言输入和写作的语言输出整合在同一语境中，为学生提供模仿和运用所学语言的机会，对文学作品进行再创作，无疑能激发学生的创造力，鼓励创新思维。例如，小说 *The Giver*（《授者》）结尾是主角 Jonas 带着弟弟 Gabriel 滑下山坡，循着音乐声步入未知的世界。小说到此戛然而止，给人留下无限想象的空间，非常适合进行续写。学生能够在续写的过程中培养理解、推断、创新等思维能力，实现思维升华。

又如，在阅读完小说《别有洞天》后，教师可以布置学生这样的学习任务——给故事的某位主人公写一封信，描述自己与书中人物相似或相反的经历，或者书写对于主人公经历的看法或建议。学生完成自己的写作后可以与小组的其他成员互相讨论。设置这样的写作任务，可以让学生在阅读完小说的基础上，再一次对读过的内容进行思考，促使学生关注小说中精彩的语言表达，并运用到自己的写作中去。更重要的是，在此过程中学生可以把小说中的人和事与自己的生活联系起来，理性思考问题，关注个人成长。

再如，在读完小说《歌剧魅影》后，教师请学生以女主人公 Christine 的监护人 Madame Valerius 的身份，给自己在巴黎的姐姐写信，讲述自己与 Christine 和 Raoul 在斯堪的纳维亚的生活。这个写作任务基于故事的结局，但完全超越了故事本身，学生需要充分调动想象力，对两位主角的未来生活展开想象，自由地创造出合情合理的情节。

阅读是思维延伸的过程，作者的思想、观点、态度蕴含在作品中。学生通过阅读文本与作者交流沟通，构建自己的思维过程，形成自己的观点、态度，把文学作品与社会实际、个人生活关联起来，建立批判性思维。学生将从文学作品阅读中所获取的语言知识、文化信息和观点进行加工、整理、内化，以多种形式的写作诉诸笔端，提高了语言能力和思维能力，同时也促进了人文素养的提升。

参考文献：

［1］中华人民共和国教育部 . 普通高中英语课程标准（2017 年版 2020 年修订）[S]. 北京：人民教育出版社，2020.

［2］［美］莫提默・J. 艾德勒，查尔斯・范多伦 . 如何阅读一本书 [M]. 郝明义，朱衣，译 . 北京：商务印书馆，2019.

高中英语整本书阅读：选择、指导与评价

徐晓云[①]

《普通高中英语课程标准》（2017 年版 2020 年修订）（以下简称“《英语课标》”）在“课程内容”之“主题语境 · 人与社会”“语篇类型 · 选择性必修”“语篇类型 · 选修（提高类）”“文化知识 · 选择性必修”等板块都提出让学生阅读记叙文、小说等文学名著的要求，如在“人与社会”这一主题语境中提出了“小说、戏剧、诗歌、传记、文学简史、经典演讲、文学名著等”的内容要求。[1] 这些要求提示在高中英语教学中，教师应在教学课本“篇章”之外拓展学生的阅读范围，引导高中学生有选择地进行“整本书”阅读。指导学生有选择地阅读相关经典英文原版文学作品，不仅能使学生积累词汇、提高阅读水平，还能让他们进一步审视欧美国家千姿百态的社会现象，理性看待异域文化，增强国际理解，提升对中华优秀传统文化的自信。但高中生阅读英文整本书面临着诸如学生阅读能力受限、阅读方法不科学、对异域文化不够了解，教师教学评价手段匮乏等困境。英语教师应当积极创新思路，突破困境，力争开创出高中英语“整本书阅读”的新天地。

一、英语整本书阅读书目的选择

要开展英语整本书阅读教学，教师首先要帮助学生选择经典的，对学生成长有帮助的，符合学生年龄、身心及语言水平且有助于正确价值观形成的书目。项目开始时，我们认为整本书阅读书目的选择必须是世界级文学名著，属于杰出的经典作品，且词汇量应在 2000 词以上，让学生在正常学习之余，能够用一个月左右的时间完成阅读。于是，我们将范围确定为故事性较强的中长篇小说，并为学生列出了一个推荐书目（表 1），让学生选择其中 1~2 部小说进行阅读。

① 徐晓云，安徽省濉溪中学教师，中学高级教师。

表 1　英文中长篇小说整本书阅读推荐书目（一）

序号	作者	国别	书名
1	Charles Dickens（查尔斯・狄更斯）	英国	*Great Expectations*（《远大前程》）
2	Charles Dickens（查尔斯・狄更斯）	英国	*David Copperfield*（《大卫・科波菲尔》）
3	Charles Dickens（查尔斯・狄更斯）	英国	*Oliver Twist*（《雾都孤儿》）
4	Emily Bronte（艾米莉・勃朗特）	英国	*Wuthering Heights*（《呼啸山庄》）
5	Thomas Hardy（托马斯・哈代）	英国	*Tess of the d' Urbervilles*（《德伯家的苔丝》）
6	Charlotte Bronte（夏洛蒂・勃朗特）	英国	*Jane Eyre*（《简・爱》）
7	Jane Austen（简・奥斯汀）	英国	*Pride and Prejudice*（《傲慢与偏见》）
8	Khaled Hosseini（卡勒德・胡赛尼）	美国	*The Kite Runner*（《追风筝的人》）
9	Daniel Defoe（丹尼尔・笛福）	英国	*The Adventures of Robinson Crusoe*（《鲁滨逊漂流记》）
10	Ernest Miller Hemingway（欧内斯特・米勒・海明威）	美国	*The Old Man and the Sea*（《老人与海》）

但出乎意料的是，学生对此书单普遍反应冷淡。他们认为，这些作品虽然是经典名著，但其所处时代与当下相去甚远，场景和语言都和现实生活有较大差异，无法将其运用到日常写作、交谈中。相较于传统经典，学生更喜欢当代小说，包括科幻小说，如 Wendelin Van Draanen（文德琳・范・德拉安南）的 *Flipped*（《怦然心动》）和 Sidney Sheldon（西德尼・谢尔顿）的 *Rage of Angels*（《天使的愤怒》）。基于学生的反馈，笔者又列出了第二份推荐书目（表 2）。

表 2　英文中长篇小说整本书阅读推荐书目（二）

序号	当代名著（二选一）		传统经典（二选一）	
	作者	书目	作者	书目
1	Wendelin Van Draanen（文德琳・范・德拉安南）	*Flipped*（《怦然心动》）	Charles Dickens（查尔斯・狄更斯）	*David Copperfield*（《大卫・科波菲尔》）
2	Sidney Sheldon（西德尼・谢尔顿）	*Rage of Angels*（《天使的愤怒》）	Ernest Miller Hemingway（欧内斯特・米勒・海明威）	*The Old Man and the Sea*（《老人与海》）

新的书目仍然推荐“传统经典”中的《大卫・科波菲尔》和《老人与海》，因为这两部作品的中文版也是高中语文推荐的阅读书目，学生对这两部小说比较熟悉，可以把中文版小说的一些阅读方法迁移到英文版小说的阅读

中来，在不同版本的比较阅读中更为顺利地完成整本书阅读，达到更好的阅读效果。

这次英语整本书阅读选择的过程说明，教师在推荐阅读书目时，既要考虑文学作品的经典性，又要考虑学生的阅读兴趣。二者有机结合，才能更好地推动英语整本书阅读的有效进行，才能把整本书阅读落到实处。

二、英语整本书阅读指导

（一）指导学生设计阅读任务

教师应鼓励学生带着问题去阅读，在任务的驱动下，阅读时便会不断追问并寻找答案，对整本书的内容就会有更深刻的理解，这是保持专注和阅读兴趣的一个非常好的方法。基于此，我们制订了一个任务单（表 3），帮助学生更直观地把握阅读任务，在任务的驱动下完成整本书阅读。

表 3　英语“整本书阅读”任务单

阅读书目：	阅读日期：	阅读时长：	阅读页数：
阅读中遇到的陌生词汇、句法、时态、语态			
阅读中遇到的主题、文化、表达艺术等理解方面的问题			
我的心得体会（包括阅读方法）			
与教师和同伴交流后的成果			

学生每次阅读后认真填写任务单，并在同学间交流，达到互相促进阅读的效果。

（二）指导学生制订阅读计划

阅读计划应当包括：（1）确定两本书的阅读顺序。比如在实践中，学生可以先阅读《老人与海》，再阅读《怦然心动》。因为前者篇幅较短，且是高中语文教材中出现过的作品，学生阅读起来难度不大，并会产生阅读兴趣，积累阅读经验。（2）确定一个或几个阅读同伴。同伴互助在阅读中的作用不可忽视，一是可以互相监督、协同阅读、交流经验，二是为阅读评价做准备。（3）选定运用的工具书或软件。字典类工具书和应用软件是英文阅读的得力助手，对学生独立、自主阅读有很大帮助。（4）确定阅读进度与时间。确定阅读每本书的总用时，然后确定阅读的时间。建议学生利用寒暑假进行阅读，因为集中时间阅读能够保持阅读的一贯性、连续性，远优于碎片化阅读。

（三）指导学生选择科学的阅读方法

高中生很少完整地阅读整本英语书，因此，掌握科学的阅读方法十分必要。

1. 根据美国著名教育家 David Pawl Ausubel（戴维·保罗·奥苏贝尔）的先行组织者理论，在进行整本书阅读前，首先需要学生了解每位作家的简历及成就，了解每部作品的创作背景、大致情节、主题思想、艺术成就、世界影响、同行评价等，这种先行了解对提高学生的阅读兴趣非常重要。

2. 第一本书，如《老人与海》（仅限一本）可以采用英汉对照的阅读方法，即先阅读中文版再阅读英文版，或中文版、英文版齐头并进地阅读。这种英汉对照阅读的方法能够让学生充分掌握英文在词汇、句法、时态、语态方面的特点，及时准确地了解异域风情和文化。

3. 学生可以在阅读两本原著之后，欣赏由原著改编的电影。欣赏影视剧不仅能加深对原著的理解，还能反过来促进对原著的阅读。事实上，现在很多学生阅读原著是由欣赏影视剧开始的。

4. 根据不同学生和其不同的阅读层次，选用不同的阅读方法。不同英语基础的学生，要选择不同的阅读层次，采用不同的阅读方法。基础阅读是最简单的一种阅读方式，它只需要学生能够认识单词并且理解句子的含义，譬如，阅读障碍较多的学生可以泛读、快速浏览、扫描式阅读的方式进行整本书阅读，达到大概熟悉，不必纠结陌生的单词、词组、句式等。检视阅读即快速、粗浅地阅读。学生可以依据书的标题和序言快速将其分类，并从目录中挑选与主题相关的章节进行阅读，快速判断书籍的质量以及难易程度。检视阅读时要先把书读完，即使在中途遇到不认识的单词、词组和句式等，也可以先行跳过，只关注自己理解的部分，不必在障碍处停留，所有问题均可在阅读过后借助工具书或应用软件解决，这样可以避免出现思维中断的问题。分析阅读则要精细很多，它要求学生对一本书细嚼慢咽，精读、品味并仔细分析全书的主题以及作者的各个观点，评价作者的观点是否正确。这是一种透彻理解书籍的好方式，适合阅读水平较高的学生。

三、英语整本书阅读的评价

英语整本书阅读虽无统一的评价标准或建议，但并不是不需要评价。我们在实践中设置了基础层级和增值层级两个评价层次。进行基础层级评价时，主要从“阅读内容与成果”“阅读个性与习惯”“阅读方法与途径”三个方面进行评价。评价主体有自我评价、同伴评价、教师评价。自我评价、同伴评价均以定量评价进行；教师评价时，依据自我评价、同伴评价，以“优秀”“良好”“合格”“不合格”等进行定性描述。增值层级评价属于发展性评价，主要是以学生参与的各类英语活动次数及获得的成果奖项来计算，一般学有余力的学生才能获得积分。英语整本书阅读评价的基础层级和增值层级的成绩，与课堂教学中的表现相结合，可以作为学生学业综合评价的参考。同时，评价反馈也会反过来促进学生英语整本书阅读能力的进一步发展，提升学生英语阅读能力，促进英语学科核心素养的培育。

高中英语整本书阅读对高中英语教学、高中英语教师专业发展和学生学习来说，都是一个崭新的领域和挑战。虽然目前在英语整本书阅读的教学实践中，在整本书的选择策略、阅读指导及阅读评价等方面还不太成熟，但在这个领域的探索，无疑拓展了高中英语课堂教学的新天地，开阔了高中学生英语阅读的新视野。

参考文献：

[1] 中华人民共和国教育部．普通高中英语课程标准（2017 年版 2020 年修订）[S]．北京：人民教育出版社，2020.

高中生英语写作现状调查与策略探讨

王德美[①]

写作能力作为语言表达能力的重要组成部分，是语言运用能力的重要维度之一。《普通高中英语课程标准（2017 年版）》（以下简称“课程标准”）就学生在高中毕业时所应达到的写作要求，进行了如下质量描述：“能以书面形式简要描述自己或他人的经历，表达观点并举例说明；能介绍中外主要节日和中华优秀传统文化；书面表达中所用词汇和语法结构能够表达主要意思。能运用语篇的衔接手段构建书面语篇、表达意义，体现意义的逻辑关联性；能借助多模态语篇资源提高表达效果。”[1] 但在现阶段，很多高中生对英语写作兴趣不浓、写作能力不强的现象一直存在。为了解高中生的英语写作现状，探究提高高中生英语写作水平的策略，我们依据课程标准中完成必修课程后所应达到的书面表达性技能要求，结合有关高中生英语写作现状调查的问卷和教师在高中英语写作方面的教学经验整合和设计了问卷，对高中生的英语写作现状进行了调查。

一、调查设计及结果

调查选取安徽省合肥一中 2018 年新入学的 10 个班级为对象，采用书面问卷的方式，内容涉及写作态度和认识、写作过程、写作资源、写作体裁和语篇、写作语言、写作困难、写作指导需求等 7 个维度，共发放问卷 500 份，回收有效问卷 494 份。为确保调查客观、有效，在学生填写问卷之前，我们向其说明了这次调查的目的是为研究学生的写作现状提供依据。

调研结果大致如下：对有关写作态度和认识的调查结果显示，只有 17.14% 的学生喜欢写作课或写作任务；有五分之一的学生认为写作是作为作业和测试的要求强加给自己的任务；绝大部分学生认为仅掌握大量的词汇和语法知识并不能保证写出高水平的作文，同时他们也非常认同大量的阅读有助于写作水平的提高；除此之外，45.36% 的学生认为背范文和使用写作模板能够帮助他们提高写作水平。

在写作过程中，只有 22.38% 的学生会在写作前列写作提纲，表明学生对

---

① 王德美，安徽省合肥市教育科学研究院中学英语教研员。

列提纲的重要性认识不足或没有掌握列提纲的方法；大部分学生在完成写作后能对自己的作文进行检查，具有较强的查漏补缺的意识；54.03% 的学生能把学到的语言知识运用到写作之中，但只有不到一半的学生会把写作要点按写作要求进行合理布局和段落设计。

在写作资源的使用方面，只有 13.51% 的学生能把教材中的写作指导用在自己的写作练习中，反映出学生对教材中有关写作指导的内容理解重视不够，运用教材中写作指导的能力有待进一步提高。28.63% 的学生会利用网络资源或写作指导书籍来提高自己的英语写作水平；有一半的学生在写作方面能向同伴学习，借鉴来自同伴的好的写作资源。

有关写作体裁和语篇知识使用情况的调查问卷结果显示，只有 23.79% 的学生在写作时会充分考虑体裁的要求；大部分学生会关注标题特征、语言特点和语篇格式，同时也会根据语篇类型规划语篇结构和语篇内容；有 66.19% 的学生不擅长写说明文和议论文。

在写作语言的使用方面，有四分之一的学生会特别关注使用复杂句式和高级词汇；不到三分之一的学生在写作中会考虑语法使用的意义；大多数学生能注意使用丰富、多样、得体的语言和准确的语法形式。此外，66.67% 的学生在写作方面存在困难，表现在不知如何对存储在记忆中的语言知识进行调取和使用，而且大部分学生不能用英语表达自己的想法。这些情况都表明，学生的书面语言运用能力远远低于学生思维的发展水平。同时，大部分学生使用语法知识的准确性有待进一步提高。

调查还发现，超过一半的学生有写作指导方面的需求，他们希望有专门的写作指导课程。绝大部分学生希望能通过阅读以及自评和互评的方式来提升自己的写作水平。

二、对调查结果的分析与反思

通过以上调查，我们不难发现，高中生在现阶段的英语写作中还存在着很多不足，如缺乏写作内驱力和写作兴趣；写作过程不够规范，谋篇布局的能力较弱；获取写作资源的途径单一；语言知识缺乏，英语语言表达不够丰富，不能用英语准确表达自己的思想和情感；评价自己和他人英语习作水平的能力较弱等。基于这些问题，我们考虑对高中英语写作教学做如下改进。

1. 创设真实的写作情境，培养学生的写作兴趣

情境、协作、会话和意义建构是建构主义所倡导的学习过程的四大要素。建构主义教学观提倡情境教学，具体地说，就是“学习者通过协作和会话，

依托具体的情境从而最终达到意义建构的目的”[2]。高中英语写作的学习情境通常发生在课堂上的这一特点让写作任务情境设置的真实性变得特别重要。因为学生一旦觉得任务情境虚假，他们完成任务的热情就会被大大削减。教师在设计写作活动时，要注意写作任务的情境与学生的实际生活经验、经历以及学习体验紧密相连，通过设计讨论、分享、展示等活动激发他们的写作欲望和写作兴趣。具体来说，情境的选取要为学生所熟悉，要来自学生亲身经历的学习和生活；也可以结合教材中学生熟悉的情境素材进行改编；还可以结合课程标准所倡导的三大主题“人与自我”“人与社会”和“人与自然”创设学生感兴趣的生活情境，帮助学生在情境中理解写作主题和写作内容与自己在生活、学习等方面的密切联系，提高学生的写作兴趣。

2. 以教材中的阅读语篇为写作范本，发展学生谋篇布局的能力

合适的阅读文本是开展写作教学的有效保障，它除了提供信息外，更重要的是向学生提供语言范本，供学生学习、借鉴、模仿，从而获得语言知识、技能和相应的语言训练。[3]

现行北师大版高中英语教材在阅读语篇和写作指导板块之间建立了很好的联系，教材所选的许多阅读语篇都与写作任务在写作格式、写作框架、写作内容、写作语言、写作逻辑等方面保持了很好的契合度。在阅读语篇的过程中，教师要引导学生去观察和体会作者选择了什么样的词汇、句式和表达方式来达到自己的写作目的；语篇的内容和结构之间的关系如何，段落是如何组织的，句际和段落之间使用了怎样的逻辑关系来帮助交际任务的达成；作者和读者之间产生了怎样的互动；等等。让阅读语篇的过程成为学生学习、积累的过程，同时又为写作训练打下坚实的基础。

如北师大版 *Senior High English* 第 4 册（必修模块）第 10 单元中的第 4 课，它的阅读语篇是关于 4 个不同物件的广告，写作任务也是写一则介绍物件的广告应用文。在阅读的过程中，教师若以如下的 7 个问题为引领，学生就可以在关注阅读内容的同时，获取文本的写作框架、写作语言和写作逻辑。

(1) What is the gadget’s name?

(2) What can you use it for?

(3) Where can you use it?

(4) What is it made of ?

(5) What are its advantages?

(6) How much does it cost?

(7) Where can we get it?

学生可以与同伴讨论，并在教师的指导下对阅读中的细节信息进行梳理和归纳，通过回答这些问题，形成语篇的结构框架（表 1）。

表 1 语篇的结构框架

Title
The problem and the solution（What problems does the gadget solve?）
The advantages（information about the design/materials/uses/convenience/etc.）
The price/How can you get it?

针对广告文体的推介功能，在阅读语篇中，关注被推介物品的优点成了阅读的重要内容。而当物品的诸多优点和特点被推介时，表示叠加的连接词如 too/plus/also/not... either 会被大量使用，这些连接词的使用确保了语篇中恰当的句际逻辑关系，学会使用这些连接词也为学生在读后写作时保持连贯性和一致性奠定了很好的基础。在学生通过阅读活动获取了相应的语篇知识和语言表达能力后，教师可以结合学校开展的小发明、小创造活动的真实情境，以小发明、小创造的产品为对象，设计写作任务，鼓励学生用广告文体通过英语写作向自己的外国笔友推介自己或同学的发明和创造，达到帮助学生在新的情境中运用所学到的语篇知识完成写作任务的目的。

3. 使用在线语料库，丰富学生的词汇知识，提高学生在语境中运用语言的能力

语料库是依托计算机技术对语言资料进行收集、分析、处理，最终所形成的一种大型电子资料文库。在词汇教学方面，使用语料库能提高词汇教学的真实性。现有的在线语料库资源丰富，可以使用的国外英语语料库有许多，由于语料库中的信息来源于把英语作为母语使用的当地人的真实语言，情境真实，教师可以引导学生把语料库作为学习词汇的工具和资源，在不同的话题范畴内了解词汇在特定语境下的搭配形式和语言意义。在真实语境中学习、模仿和运用词汇，不仅能增强词汇学习的真实性，还能激发学生自主学习词汇的兴趣。

例如，教材中所给的短语是 different varieties of English，在语料库中查询 variety 这个词后，有八千多个例句弹出。从例句中，学生感知到这个词会用在报纸、会议、法律、教育、广告等多个话题（场景）中，除基本搭配 a variety of 外，它还有不同的搭配，如 a limited variety of recordings ；a huge variety of linguistic information ；have the variety to do something ；For variety，there is a choice of Chinese and Indian cuisine；等等。通过例句，学生还可以清楚地看到 variety 这个词的多种搭配形式以及这些搭配在不同语境下的意义。同时，教师可以通过语料库的检索功能，从语料库中筛选出与阅读语篇相关和相同话题范畴的、具有较高真实性的例句，帮助学生加强对使用语境和语用功能的了解，通过开展分析、讨论等活动，对词汇的搭配、意义和内涵进行分析和判断，从而提高学生的思维水平，促进学生全面发展。

4. 在阅读教学中渗透语篇知识，提高学生书面沟通和交流的能力

语篇知识就是关于语篇是如何构成、语篇是如何表达意义，以及人们在交流过程中如何使用语篇等的知识。现行的高中英语教材中富含各类文体的语篇，这就为学生在阅读学习的过程中学习有关语篇的基本知识，如各类文本的写作目的，各类语篇的结构特征、语言特点，以及把握语篇中的句际关系、段落之间的语义逻辑关系等知识提供了可能。

一般来说，在英语写作中，记叙文和说明文的主要写作目的是再现经历、传递信息、说明信息和想象创作；广告和访谈的主要目的是获取或传递信息；议论文的主要目的是论证观点；书评主要是评析事实。由于交际的情境不同，交际的目的和功能不同，不同的文体会用不同的结构来完成交际任务。以记叙文为例：记叙文的开始段落一般是简短的介绍，多侧重人物、时间和地点等方面；中间段落主要是描述事件、故事等的情节发展，常以事件发展的主线来串联情节和故事发展的阶段；结尾的段落一般描写人物或事件的结局，以及整个事件的影响、意义，或带给读者的启示和思考。在阅读教学中，教师要引导学生从获取细节信息和表面信息入手，通过讨论，归纳出文本的框架结构，再把相同文体的结构特点进行比较，形成一个文体下有共性的结构，最后设置与阅读文本话题近似、文体相同的写作任务，让学生基于写作框架，选择不同的写作内容，运用不同的语言去尝试写作，并对写作进行自我评价和同伴互评。这种基于语篇知识、运用语篇知识进行写作的方法，一定会让学生有话想说、有话会说，也无疑会提高学生书面沟通和交流的能力。

5. 运用评价量规评价写作，规范写作，提升学生的写作水平

“评价量规（rubric）作为一种结构化的评价工具，它兼有教学工具的功能，能为学生的学习和老师的教学提供及时而真实的反馈信息，使学习和教学的改进更具方向性。”[4]

评价量规用在写作前，可以帮助学生做好写作前的准备，即明确写作任务背景和情境，决定如何取舍写作素材，选择何种文体，考虑主时态的运用，确定写作结构及与之相匹配的写作内容。在写作的过程中运用评价量规，可

以明确“为谁而写”和“如何写”的问题。写作对象一旦确定，学生就会考虑内容该如何关联，内容的顺序该如何排列，内容的框架是否恰当，还会考虑用什么样的语言，如用词、修辞、逻辑、语气和态度等因素。而写作后使用评价量规，可以帮助学生从整体上对自己和同伴的习作进行评价，做到扬长避短，不断提高自己的写作水平，如表 2 所示。

表 2　写作后的评价表

评价指标及分值	各项得分及理由	薄弱点及强化的办法
写作内容（顺序、关联）（10 分）		
写作结构（文体、规范）（10 分）		
写作要点（全面）（20 分）		
写作逻辑（句际、段落间的衔接）（20 分）		
语篇格式（书信、广告、书评等）（10 分）		
语言（词汇和语法的准确、丰富、多样）（20 分）		
写作规范（要求、格式、书写、字母大小写、标点符号等）（10 分）		
总分		

评价量规的使用既可以大大提高学生的反思能力和评判能力，又可以规范学生的写作流程，还可以帮助学生在写作中形成良好的写作习惯，提升思维水平。评价量规促使学生以客观、全面的态度审视自己的写作过程和写作结果，分析、评价他人的习作质量和写作水平，在评价中学习写作，提升自己的写作水平。

参考文献：

[1] 中华人民共和国教育部 . 普通高中英语课程标准（2017 年版）[S]. 北京：人民教育出版社，2018.

[2] Catherine Twomey Fosnot. Constructivism: Theory，Perspectives，and Practice [M]. New York: Teachers College Press，1996.

[3] 崔刚 . 阅读的层次与课文教学 [J]. 基础教育外语教学研究，2013（2）：3-6.

[4] 王德美 . 评价量规在高中英语写作教学反馈环节中的设计及应用 [J]. 英语学习，2018（1）：31-34.

指向高阶思维的英语项目化学习研究

李会民[①]　代建军[②]

英语教学不应局限于对语法、词汇等语篇能力的培养，还要关注学生高阶思维能力和综合素质的发展。项目化学习作为以问题解决为引领的探究学习方式，强调学生在真实情境中通过合作学习解决复杂问题，指向学生的高阶思维能力与综合素质，有助于学生英语学科核心素养的发展。

一、指向高阶思维能力，培育学科核心素养

《普通高中英语课程标准（2017 年版 2020 年修订）》明确提出，语言能力、文化意识、思维品质和学习能力是英语学科的四大核心素养。[1] 传统的教学方式指向知识技能目标，对提高学生词汇、语法运用的准确性，完善意义表达有较大的促进作用，但以教师讲授为主的教学方式不利于培养学生的知识迁移与运用能力、问题解决能力以及创造力等高阶思维能力。而项目化学习通过设置指向高阶思维的多元化教学目标，为进一步开展多维度、多层次的学习实践活动提供价值引领，因而在培养学生高阶思维能力（如合作学习能力、探究学习能力、创造力、想象力、语言表达能力以及信息素养等）方面有着天然的优势。

思维品质是英语学科核心素养的重要维度，可以作为英语项目化学习的目标之一。要提升学生的思维品质，就要从以知识技能为导向的传统教学转变为以学科核心素养为导向的项目化学习，促进学生高阶思维的发展。语言是文化的重要组成部分，是文化沟通和互动的必要媒介。社会文化理论学家认为，单纯的语言教学并不是真正的教育，教育应使学习者学会怎样学习，应能丰富学习者的经验。[2] 文化意识作为英语学科核心素养的另一重要维度，其落实的过程同样有利于学生高阶思维能力的提升。将文化意识融入英语项目化学习目标，在教学中兼顾语言知识教学与文化教学，有利于提升学生的交际水平，促进学生形成正确的世界观和价值观，培养学生的跨文化意识。

---

① 李会民，江苏师范大学教育科学学院硕士研究生。

② 代建军，江苏师范大学教育科学学院教授。

二、真实情境构建思维场域

钟志贤认为，情境是一切认知活动的基础。知识不是一个客体，记忆也不是一个容器。学习和认知是一种社会建构的过程和结果，并表现在人们的行动中和共同体互动中。[3] 英语学习强调语言交流互动的真实语境，构建英语项目化学习的真实情境可以从以下三个方面去尝试。

（一）知识材料的选择

英语项目化学习需要真实的情境促进学生知识的建构与迁移，而创设真实的学习情境也需要知识作为支架材料，知识是情境构建的基石。情境来源于现实生活，但在社会问题日趋复杂的背景下，创设真实的情境要求我们转变知识观，由知识的确定性走向不确定性。一般来说，我们将英语学科知识分为两种类型，一种是基于语言形式的关键概念和能力，例如词汇、语法、语音等；另一种是与学生生活相关的文化内容、主题知识，通常应用于英语阅读所呈现的主旨内容。后者更能体现知识的不确定性。知识的不确定性使情境的构建更具真实性，有利于学生在情境中充分发挥主动性，发展高阶思维能力。

英语的学习内容和语言形式是不可分割的，知识概念的应用需要真实情境作为背景，而内容的建构与呈现需要语言形式作为支撑。学生在学习过程中往往过于关注学习内容，忽略语言形式，对此，教师要选择贴近学生真实生活的知识材料和学习内容，从而使学生更易把握语言形式的运用。

项目化学习所关注的英语能力和知识概念具有整体性，要实现教学目标，就要对零散的、孤立的语言技能和语法知识进行提炼和整合。在清晰的教学目标的导向下，将整合的知识材料置于真实且有意义的英语学习内容中，为有意义的英语项目化学习提供科学的知识材料。

基于语言的功能和特质，英语项目化学习在知识材料的选择上具有跨学科性，致力于以英语为媒介解决现实中的问题。这就需要教师在知识的提炼过程中整合多学科或跨学科的知识，确保英语项目化学习真实而有效地发生。

（二）驱动性问题的设置

英语项目化学习聚焦于英语学科核心知识，核心知识如何与学生的已有经验建立联系，构建真实的学习情境，是英语项目化学习的重要挑战。真情境需要真问题，驱动性问题在学生与知识之间架构起桥梁，激发学生解决问题的积极性。

驱动性问题对英语项目化学习有很大的价值和意义，能够让学生在真实的问题情境中，从知识和情感两个方面去迁移，在积极的情感体验中有效学习。[4] 真实的学习情境需要驱动性问题具有真实性，诱发真实的学习过程，呈现有意义的学习产品；真实的驱动性问题联系学生现实生活，构建真实的语言环境，为项目化学习的开展提供内在动力。

驱动性问题具有挑战性。项目化学习指向学生的高阶思维能力，高阶思维的发生建立在劣构问题的解决上，劣构问题强调在真实情境、开放环境下具有挑战性的任务。有挑战的驱动性问题建构了复杂而真实的学习情境，促使学生在问题解决的过程中开展多样化的学习实践活动，促进高阶思维的发展，确保项目化学习的持续性。

英语学习不只局限于一般的交际功能，更重要的是传达自己认识世界、认识自我的思想，要求学生有自己独立的见解和思想，能够论证自己的观点和想法。这就要求驱动性问题具有批判性、研究性，使学生能够在此过程中辩证地探究世界，以英语为媒介多学科或跨学科地研究、交流。在这样的问题引领下，英语课堂焕发了新的生机活力，学生在语言实践的基础上有效地提升了研究能力，锻造了良好的思维品质。

（三）信息工具的运用

项目化学习强调的真实情境并不特指现实生活中发生的真实事件，情境来源于生活但又不是对现实生活的照搬或复制，真实情境是经过组合，借助信息工具构建的。信息工具作为情境构建的载体，越来越多地应用于当前教学中，譬如多媒体，其所具备的生动直观性为构建真实的英语项目化学习情境提供了有力支持。听、说、读、看、写是英语学习的关键能力，而多媒体具有集声音、图像、动画、文字于一体的多种信息功能，让学生能够在全方位、多层次的语言情境中运用多种感官实现真实的语言交流与英语学习，推动学生英语学科核心素养的发展。

信息工具提供跨时空情境。语言学习受现实所处环境的制约，而信息工具可以打破时空的限制，创设不同时空的真实语境，强化学生的情境体验。例如，教师可以播放学生感兴趣的英语电影，让学生根据电影进行角色扮演，在学习过程中感受中西方文化的差异。

信息工具创设问题情境。项目化学习的驱动问题具有挑战性与批判性，教师单纯的口头或书面展示任务可能会让学生难以理解问题的内核，而借助信息工具创设生动的问题情境，可以把学生带入情境中，激发学生问题探究的欲望。

信息工具提供知识资源。英语项目化学习不应局限于课本与课堂，师生可以通过信息技术获取世界范围内的各类教学资源。在项目化学习中，在确定学习主题后，学生就可以借助信息工具搜集有用的信息并将这些信息进行整合与呈现，在搜索、筛选、整合、呈现信息的过程中提高语言能力、发展信息素养。信息工具还可以为学生提供与以英语为母语者交流的平台，构建真实的语境，让学生在实际交流与互动中实现英语水平的突破。

三、多维合作促进深度参与

指向高阶思维的教学模式通常具有开放性与多维度的特点。项目化学习的开展更多以实践活动的形式来体现，指向高阶思维的英语项目化学习要求以合作学习为载体开展多维度的学习实践活动，促进学生深度参与，发展学生的高阶思维能力。夏雪梅构建了项目化学习的五类学习实践形态：探究性实践、社会性实践、技术性实践、审美性实践、调控性实践，在英语项目化学习中涉及比较多的是探究性实践、社会性实践及审美性实践。[5]

探究性实践作为项目化学习的主要实践形态，需要进行较多的思维活动，要求学生在小组合作中通过观察现实世界发现问题，运用知识经验联结现实世界，通过假设、筛选、判断、推测、验证、归纳、提炼等多种思维活动探究性地解决驱动性问题。在实践过程中，学生需要意识到，只有通过合作才能够解决具有挑战性的高阶问题。指向高阶思维的英语项目化学习要求学生在合作学习中群策群力、互帮互助，发挥每个人思维的独特性，探究得出问题的解决方案并付诸行动，从而在学习实践中构建知识体系、迁移知识技能、培养高阶思维能力。

社会性实践是合作学习中的必要活动，强调个体与他人之间的交流沟通，为英语项目化学习提供真实的交流语境。在小组合作学习中，社会性实践强调学生的社交技能，包括组织学习、表达自己的观点、提出问题、与成员交流沟通、关注成员的感受与状态等。小组成员信息反馈公开透明，学生可以在理解他人的基础上把握项目的进程，推动任务高效完成。合作学习不是阶段性的，而是一个持续不断的探究学习过程，因此，学习小组具有稳定性的特征，要求学生具有良好的沟通与处理人际关系的能力，确保小组合作的持续性。

审美性实践强调英语项目化学习成果的展示，如产品的制作、PPT的呈现等。审美性实践有助于培育学生的创造力与想象力，学生可以在合作学习中充分发挥自己的想象力与审美情趣，集思广益设计产品，展示最终成果，如英语话剧表演、PPT设计或英语视频的制作等。在合作学习中，学生多元的创意与审美情趣相互碰撞、相互借鉴与吸收，学生在审美实践中感知美、创造美，提升自己的审美情趣与人文素养。审美性实践聚焦学生个性化的发展，合作学习注重学生的个性化展示，活动设计多角度、多形式，兼顾听、说、读、写各方面的语言表达，力求让每个学生发挥优势，进行个性化的意义呈现。

英语项目化学习中的各类学习实践活动不是互相割裂的，而是相互融合交织，共同构成渗透高阶认知策略的合作学习。在项目化学习中，合作学习不局限于某一类实践形态，也不拘泥于某一种形式，教师应视实际情况灵活变动，根据不同的知识材料和驱动性问题做出相应的选择，精心设计学习任务，提高项目化学习的有效性。

四、动态评价聚焦思维品质

（一）体现高阶思维能力的真实评价

项目化学习的评价同样指向学生的高阶思维能力，对在真实学习情境中产生的学习成果进行真实的评价，考查学生知识与技能、问题解决能力、交流合作能力等多种能力的发展水平，强调学生在项目化学习中的真实表现。

真实的评价具有逆向设计的特点，要求教师在评价之初从多元评价角度，对学生呈现项目成果的语言能力、团队协作能力等综合素质以及高阶思维能力进行多维度、全面的评价，对评价项目有明确、具体的评价标准。学生在项目化学习的过程中可以根据项目评价标准不断调控学习行为，以呈现更好的项目化学习成果。

真实的评价需要真实而积极的评价氛围。英语项目化学习要产生公开、可视化的成果，需要学生具备良好的语言表达能力和心理素质；教师要创设积极的展示评价的氛围，通过口头语言及身体语言给予学生积极的肯定，调动学生展示成果的积极性。

真实的评价指向深度学习，不局限于对项目成果的浅层理解，更强调学生对英语学科知识的迁移与运用，透过项目成果指向学生高阶思维的发展。

（二）动态监控学习过程的过程性评价

英语项目化学习的评价是一个动态的过程。重视学生的学习过程，这个动态过程不仅是阶段的，也是延续的。英语项目化学习的过程性评价关注终结性评价难以考查的各项能力，注重学生的自我调控能力和学习策略，在动态的学习评价中考查学生的学习能力，促进学生学习的可持续发展。

项目化学习的评价标准也具有动态性。制订评价量规能为学习实践活动提供多样指标，聚焦学生的实践活动表现；不同的任务情境对学习实践活动要求的侧重点不同。教师在学生项目化学习的过程中，要以关键的评价维度为导向，动态监控学生的学习过程，根据实际情况动态地调整评价标准，最终形成更为完善的评价体系。

要完成动态的评价，需要结合多种评价方式，即通过自我评价、他人评价、小组评价等方式多角度评价学生个体的学习过程与学习行为，促使学生在动态的评价过程中不断优化自己的学习行为。在小组评价及他人评价中，学生作为评价的主体，需要理解评价的内涵和意义，明确评价的内容和标准；但长期处于被评价角色的学生对评价的理解和认识往往处在较低的水平，在评价过程中不能正确地评价自己与他人。所以，如何提升学生对评价的认识，使其评价水平由完全的下意识或潜意识水平、情感水平逐步上升到理智水平，是探究英语项目化学习评价设计的重要内容。

（三）聚焦元认知策略的评价反思

评价的目的是促进学生的发展，评价的结束不代表学习的结束，评价后的反馈和反思是学习过程中极为重要的一环，有效利用评价结果可以促进英语项目化学习的完善。一方面，在全面的多维度的评价基础上收集评价信息，综合个体、他人、小组、教师给出的评价信息并对每项评价内容进行整合分析，以报告的形式呈现给学生，学生可以根据评价的结果了解自己的优缺点，调整、完善自己的学习行为，明确将来努力的方向；另一方面，教师可以根据学生的表现与反应，主要从学生的参与度、评价的效度、评价的可行性以及评价的信度几个方面审视自己评价方案的成功与不足之处，进一步反思和改进评价设计。

参考文献：

[1] 中华人民共和国教育部．普通高中英语课程标准（2017 年版 2020 年修订）[S]．北京：人民教育出版社，2020.

[2] 高艳．项目学习在大学英语教学中的应用研究 [J]．外语界，2010（6）：42-48，56.

[3] 钟志贤．信息化教学模式——理论建构与实践例说 [M]．北京：教育科学出版社，2005.

[4] 李会民，代建军．基于课程统整的跨学科项目化学习设计 [J]．教学与管理，2020（4）：29-31.

[5] 夏雪梅．项目化学习设计：学习素养视角下的国际与本土实践 [M]．北京：教育科学出版社，2018.

实现语言学习与意义探究的统一
——基于高中英语阅读教学实例的分析

黄　芳①

一、研究背景

高中英语课程的具体目标是培养和发展学生在接受高中英语教育后应具备的语言能力、文化意识、思维品质、学习能力等学科核心素养。就其关系而言，语言能力是基础要素。[1] 从对高中英语阅读课堂的观察及教师的访谈中可以发现，在发展学生英语学科核心素养理念深入人心的今天，一些教师依然沿袭传统的字词句讲解和机械操练的方法教授课文的语言点，且选择的语言点带有很大的随意性；英语阅读教学存在注重语言形式讲授、忽略主题意义探究的问题。有些教师虽已意识到文本主题意义探究的重要性和必要性，但大多仅关注意义而淡化语言教学，课堂上没有为学生提供足够的、有针对性的语言输入和内化。在输出环节，为了让一节阅读课看似完整，很多教师会布置一个比较宏观的口头或者笔头的输出活动，但实际的学生活动往往难以达到教师预期的效果。所以，对于新课程改革提倡的基于主题意义探究的高中英语阅读课堂教学，教师存在的普遍困惑是：语言学习和意义探究，二者可以兼得吗？在探究主题意义的过程中，哪些语言知识需要处理，要放在什么环节处理，以什么形式开展？

《普通高中英语课程标准（2017 年版 2020 年修订）》（下文简称“新课标”）提出，所有的语言学习活动都应该在一定的主题语境下进行，即学生围绕某一具体的主题语境，基于不同类型的语篇，在解决问题的过程中，运用语言技能获取、梳理、整合语言知识和文化知识，深化对语言的理解，重视对语篇的赏析；同时，尝试运用所学语言创造性地表达。[2] 因此，在高中英语阅读教学中，教师要基于主题意义，认真研读语篇，立足学情，确定语言教学目标，并以语篇为依托，引导学生在学习理解类活动中感知语言，在应用实践类活动中内化语言，在迁移创新类活动中运用语言。

① 黄芳，福建教育学院外语研修部教师，外语教育研究所研究员。

为了更深切地体会主题意义探究对英语阅读教学的意义，笔者在访学期间参与了北京师范大学王蔷教授主持的“中小学英语学科能力教学改进”项目。项目实施过程中，授课教师选择一篇文本进行了90分钟的阅读教学，完整地呈现从输入到输出的过程。在为期大约三个月的教学改进实践过程中，授课教师通过说课、专家指导、对照班试讲、与听课专家研讨、修改教学设计、实验班正式讲课、听取专家总结并反思等教学改进流程，致力于更好地提高学生的英语学科核心素养；同时，这一过程也提升了教师的新课程教学实践能力，促进了教师自身专业的成长。

本文以一堂90分钟的高一英语阅读课教学改进过程为例，探索在基于主题意义探究的高中英语阅读教学中，如何处理、把握好意义探究与语言学习的关系。本课的教学内容是北师大版高一英语教材必修模块1 Unit 3 Lesson 4 “Christmas”一课中题为“Memories of Christmas”的阅读文本。该文本是一篇记叙文，作者以儿童的视角讲述了自己温馨的童年圣诞回忆。文本以时间线为明线、情感线为暗线贯穿全文，表达了作者对过圣诞节的喜悦之情及对家庭团聚的温馨氛围的怀念。本课的教学目标是要求学生在课程结束时，能够：

1. 利用信息结构图梳理文本的时间线、情感线及各种圣诞庆祝活动；
2. 根据结构图描述作者对圣诞节充满童真的回忆；
3. 仿照所读文本，写一篇关于回忆欢度中国传统节日——春节的记叙文。

二、改进前教师的教学过程与反思

（一）教学过程

本课教学依据新课标所倡导的英语学习活动观设计课堂教学活动，分别体现在学习理解、应用实践和迁移创新三个具体活动环节。

学习理解环节的主要任务是创设情境，激活相关背景知识，引出主题，并让学生提取信息、整合信息、梳理结构；应用实践环节的主要任务是让学生分享小组合作梳理的结构图成果，并复述圣诞节庆祝活动；迁移创新环节的主要任务是让学生模仿所学文本，完成作文。授课教师改进前在对照班的试讲课包含四个教学步骤。

步骤1：创设情境，导入文本

教师营造圣诞节氛围，播放圣诞节歌曲*Jinglebell*，通过两个问题“What is the song about?”“How do people celebrate Christmas?”激活学生的圣诞节背景知识。接着，教师引导学生关注文本标题“Memories of Christmas”，导入课堂。

步骤 2：小组合作，梳理文本结构

学生阅读文章，提取文本时间线、圣诞节庆祝活动和作者的情感线等信息，并以小组合作的形式绘制文本结构图。

步骤 3：分享图表，复述活动

各小组学生代表分享结构图，教师在黑板上呈现表格，根据学生的发言逐步完善表格内容，并引导学生根据图表复述圣诞节活动。

步骤 4：绘制思维导图，仿写文本

教师通过提问“How do you celebrate the Spring Festival?”引导学生谈论中国春节的传统习俗和活动，要求每个学生绘制个人思维导图，梳理关于春节活动的记忆，并根据思维导图，以教学文本为例，仿写一篇关于春节回忆的记叙文。

（二）教学反思

在上述教学实施过程中，教师积极尝试新课标提出的新理念，遵循英语学习活动观，设计了学习理解、应用实践、迁移创新三个层次的活动。可是，在对照班试讲课堂上还是出现了语篇类型的输出未能达到教学要求的问题。尽管教师在课堂上一再强调要根据阅读文本仿写一篇回忆春节的记叙文，但从提交的仿写作品来看，大部分学生还是写成了按照时间顺序介绍中国春节风俗习惯和庆祝活动的说明文，未能达成教学目标的第三点——迁移仿写。

试讲后，授课教师认为，学生写作能力薄弱，没有足够的词汇和丰富的句型储备，导致他们无法很好地完成任务。而专家团队指出，问题的根源在于：首先，授课教师未能深入探究主题的意义，做到在主题意义的引领下开展学习理解、应用实践和迁移创新等一系列活动，课堂教学仅停留在表层信息的阅读理解上，教授重心在处理圣诞节庆祝活动上，写作前谈论的也是春节的传统习俗活动，并未带领学生探究文本的深层意义；其次，教师未能深入理解语篇意义，以语篇为依托，从语篇类型入手，正确引导学生了解记叙文的结构、文体特征和表达方式，让学生充分内化语言和篇章，同时加深对传统节日的社会文化意义的理解。因此，学生在语言输出时未能实现顺利迁移就成了必然结果。根据专家团队提出的指导意见，授课教师针对试讲课的教学设计进行了再次修改完善，明确了英语学习活动观下探究主题意义的具体思路：（1）探究主题语境；（2）探究语篇意义；（3）探究主题语言。

三、“三步探究”的阅读教学改进策略

实验班的教学使用的是改进后的教学设计，主要依据专家团队的指导意

见，明确了以探究主题语境、语篇意义和主题语言为依托，结合改进前在对照班试讲中采用的学习理解、应用实践和迁移创新三个层次的活动设计，形成了主题意义“三步探究”的阅读教学改进策略。

（一）探究主题语境，引领学习理解活动

主题为语言学习提供主题范围或主题语境。学生对主题意义的探究应是学生学习语言的最重要内容，直接影响学生对语篇理解的程度、思维发展的水平和语言学习的成效。[2] 因此，基于主题意义的高中英语阅读教学的有效实现首先需要教师深入解读文本，探究主题语境，在语言、内容和主题之间巧妙地建立关联。[3]

如果一堂课比另一堂课更出彩，原因自然有很多，但文本解读一定是最重要的因素。[4] 改进后的教学设计中，教师依照新课标的要求，从 what、why、how 三个方面着手，深入理解主题语境。具体如下：

1. What。本文的主题语境是“人与社会”，具体涉及文化习俗与传统节日的主题内容。文中叙述了儿时的“我”对圣诞节的记忆。从节前“我”按捺不住的兴奋，到平安夜激动得不想睡觉，再到节日当天的喜悦，一个“天真、可爱、享受节日”的儿童形象跃然纸上。

2. Why。本文以儿童的视角记叙了圣诞节的童真童趣，表达了作者的喜悦之情及对家庭团聚的温馨氛围的怀念。

3. How。本文是一篇典型的记叙文，按照时间顺序叙述节日活动；同时穿插情感线，使读者在阅读时与作者产生情感共鸣，共同分享节日的温馨气氛与喜悦之情。文章简明易读，语言生动形象，描写具有很强的画面感。

深入研读文本后，授课教师完善了学习理解环节。教师沿用试讲时的方式，播放圣诞歌曲，引入与主题意义相关的情境，激活学生已有的知识和经验，铺垫必要的语言和文化背景知识，并引导学生关注文本的题眼“memories”，进入主题语境，同时提出问题“What is memory? What kind of memories will be shared, sad memories or happy memories? ”，并引导学生预测答案，快速启动课堂。然后，教师让学生阅读文章，验证预测，并提取记叙文本的主线信息，合作完成结构图，梳理整合语篇的记叙结构。在此基础上，学生形成新的知识结构，感知并理解语言所表达的意义和语篇所承载的文化价值取向。[2]

（二）探究语篇意义，深化应用实践活动

语篇赋予语言学习以主题、情境和内容，并以其特有的内在逻辑结构、文体特征和语言形式，组织和呈现信息，服务于主题意义的表达。[2] 接触和学习不同类型的语篇，把握不同语篇的特定结构、文体特征和表达方式，不仅有助于学生加深对语篇意义的理解，还有助于他们使用不同类型的语篇进行有效的表达与交流。[2] 因此，教师在教学时要深化应用实践活动，引导学生深入语篇，探究语篇的意义。

改进后的应用实践环节中，教师首先引导学生围绕主题和所形成的新的知识结构图，复述文本主线信息，还增设了问题链环节。问题如下：

Why did the writer and his sister write a letter to Father Christmas?

How did the writer and his family prepare for Christmas?

Why did the writer enjoy the Christmas lunch?

Why was Christmas unforgettable for the writer?

How are the writer’s memories organized in the text?

随后，教师引导学生通过回答问题，进一步分析文本细节信息，感受作者的写作意图，加深对语篇意义的深层次理解，逐步实现对语言知识和文化知识的内化，巩固新的知识结构，为迁移创新环节的文体迁移做了充分的铺垫。

（三）探究主题语言，促进迁移创新活动

语言教学应该围绕语篇来进行。语言教学的主要任务之一是帮助学生认识到语言要素是如何相互联系、共同组织和建构语篇的。[2] 因此，教师要基于主题意义，探究核心主题语言，促进迁移创新活动，使学生在理解语篇内容、探究语篇主题意义的过程中体验语言的使用，感知语言的结构，尝试运用所学语言。[5]

改进后的教学设计中，教师分析学情，发现学生在进行仿写时存在潜在困难——不擅长运用描述性语言，习惯以结论性的语言概述，缺乏细节的描述、环境的烘托，语言不生动。基于此，教师在文本解读的基础上，鼓励学生筛选出体现作者童真回忆的描述性的核心主题语言，明确语言教学目标。如第一段中“我”和妹妹在壁炉前郑重地（seriously）给圣诞老人写信，表达了孩子对圣诞节的虔诚与期盼；第二段中随着节日临近，孩子们的兴奋感与日俱增（grew each day）；第三段中作者对平安夜的生动描述——“stay awake as long as possible to see Father Christmas but the next thing we knew it was morning. Christmas morning!”——则表达了孩子们对圣诞老人、圣诞礼物的期盼以及儿童时期想通宵等待，一觉醒来却已是第二天早晨的那种充满童真的感觉；第四段中描述了圣诞节当日家庭团聚、共享午餐的重要时刻，“I put so much food in my mouth sometimes that it was hard to swallow.”衬托了节日大餐的美味和作者愉悦的心情，生动地描写了“我”作为一个孩子“贪吃”的样子。学生可以从文章中深刻地感受作者儿童时期在圣诞节时发自内心的欢乐。

在学情分析和主题语言探究的基础上，授课教师在改进后的迁移创新环节开展了针对主题语言特点的赏析活动，引导学生关注文本语言。教师提出问题“How did the writer feel during Christmas? ”，并在试讲时采用的结构图上增加了语言描写栏，让学生展开小组讨论，找出文中表现作者兴奋情感的语言。教师先带领学生共读文本的第一自然段，引导学生关注“我”和妹妹在壁炉前郑重地给圣诞老人写信，表达孩子对圣诞节的虔诚与期盼的词汇描写——seriously，然后将词块“seriously wrote”以板书形式填写在表格中，给学生做了示范。接着，学生小组合作阅读文章的其余自然段，走进文本，走近作者，找出表达情感的词块和句子，摘录在表格中，并通过组间交流分享和教师点评，完善表格（表 1）。

表 1　语言描写摘录表

Time	activities	feeling	languages
Before Christmas Eve	略	略	We seriously wrote Our excitement grew each day Have exciting snowball fights
On Christmas Eve			Everything was ready Tried to stay awake as long as possible to see Father Christmas but the next thing we knew it was morning Christmas morning
On Christmas Day			What a lunch I put so much food in my mouth sometimes that it was hard to swallow We all fell into a deep, happy sleep

完善表格之后，教师引导学生通过集体朗读、个人默读、小组复述、个人描述等语言实践活动充分内化语言，加深学生对文本情感的理解，为仿写时的语言迁移做好准备。

接着，教师创设写作情境：Alice 是一名在北京上学的交换生，她对中国的节日和文化非常感兴趣。请以“Memories of Spring Festival”为题，跟 Alice 分享一段你的春节回忆。此外，教师还提供了有关春节的单词库（Words Bank），给学生必要的词汇支架。最后要求学生根据自己春节回忆的思维导图，完成仿写。实验班学生提交的作品十分优秀，都能模仿运用文中的语言，写出带有丰富情感的近百字的有关春节回忆的记叙文，得到了教师和专家的一致好评。

新课程改革要求高中英语教学既要让学生在掌握主题意义的过程中习得语言，又要让学生在习得语言知识的过程中实现情感态度与价值观的提升。主题意义探寻与语言知识习得，二者是协同发展的统一体。普通高中英语新课标设计的学科核心素养提出语言能力，没有单独列出语言知识，是希望教师更多地从意义和使用的角度来思考语言知识，更多地让学生在理解语言和运用语言的过程中学习。[6] 因此，教师要准确把握课标要求，敢于尝试新课程理念，以主题意义为引领，以语篇为依托，将指向学科核心素养的英语学习活动观扎实地落实到阅读教学活动中。

参考文献：

[1] 梅德明，王蔷 . 改什么？如何教？怎样考？高中英语新课标解析［M］. 北京：外语教学与研究出版社，2018.

[2] 中华人民共和国教育部 . 普通高中英语课程标准（2017 年版 2020 年修订）［S］. 北京：人民教育出版社，2020.

[3] 王蔷 . 新版课程标准解析与教学指导　高中英语［M］. 北京：北京师范大学出版社，2019.

[4] 葛炳芳，等 . 英语阅读课堂教学：阅读素养与综合视野［M］. 北京：外语教学与研究出版社，2019.

[5] 程晓堂 . 基于主题意义探究的英语教学理念与实践［J］. 中小学外语教学（中学篇），2018，41（10）：1-7.

[6] 梅德明，王蔷 . 普通高中英语课程标准（2017 年版）解读［M］. 北京：高等教育出版社，2018.

初高中英语学习策略衔接教学的探索

段淑芬①

初高中英语在学习内容、方法、要求和难度上相差很大，所以对于英语基础相对薄弱、生源状况差异较大的农村高中来说，初高中英语衔接教学是必须要进行的。但事实表明，一些农村高中进行英语衔接教学的效果并不理想，其中一个重要的原因就是教师只关注语言知识的衔接，忽视了学习策略的衔接，导致学生学习被动、知识碎片化、学习效率低下。学习策略是英语课程内容的六要素之一，它包括元认知策略、认知策略、交际策略和情感策略等。有效使用学习策略有助于提高学生学习英语的效果和效率，培养学生自主学习的习惯和能力，促进学生终身学习能力的发展。[1]

因此，本文以高中英语的重要教学内容——“关系代词的定语从句”为例，谈谈如何在教学中进行学习策略的衔接。

一、突出学生主体地位，引导元认知策略的衔接

元认知策略指学生为了提高英语学习效率，计划、监控、评价、反思和调整学习过程或学习结果的策略。高中英语学习策略中关于元认知策略的要求提出，学生要能够“根据学习内容和学习重点，计划和安排预习和复习；经常对所学内容进行整理和归纳；学习中遇到困难时，主动分析原因并尝试解决困难；选择适合的参考书和词典等工具辅助英语学习；通过图书馆、计算机网络等资源获得更广泛的英语信息，扩充学习资源”[1]。农村学校高一新生英语基础薄弱，究其原因，多是由于其在小初阶段没有养成制订计划、预习、主动思考的学习习惯，缺乏主动寻找和解决问题的意识和能力，更缺少必备的学习方法。因此，在“关系代词的定语从句”的衔接教学中，我们进行了如下教学设计，希望有助于学生培养元认知学习策略，弥补其在这方面的缺失。

（一）引导预习思考，培养良好的学习习惯

有针对性地设计、布置预习任务，是帮助学生逐渐形成预习、思考习惯的手段之一。如在“关系代词的定语从句”一课教学前设计如下任务：

① 段淑芬，华东师范大学第二附属中学乐东黄流中学教师，中学高级教师。

（1）将下列你不会的单词和短语找出来，查字典并标出它们的汉语意思。（2）请根据你对定语从句的理解，从所给的语篇中找出定语从句。如果找不出来，请查找原因。（3）请写出你找出的定语从句中的先行词、关系词，并判断关系词在从句中的成分。如果写不出来，请查找原因。（4）说说你以后遇到新的学习任务时应该怎样做好预习计划。在教学中经常设计此类任务，反复训练学生自己思考、自己制订计划，能帮助其养成良好的制订计划、监控英语学习的习惯。

（二）小组合作互助，以成功体验带动主动学习

农村英语基础薄弱的高一新生通常缺少学习中遇到困难时，主动分析原因并尝试解决困难的意识。每当遇到失败与困难，他们会感到无助，常常放弃，缺乏成功的体验和战胜困难的自信。在教学中，我们将4~6名不同学习水平的学生组成学习小组，让他们自己制订规则，合作学习，相互带动，引导他们分析原因并尝试解决困难，增加体验成功的机会，逐步树立学生的学习信心。

例如，学习关系代词“that、who、whom、whose、which”在例句中的具体指代内容和在从句中的成分时，教师可以给出如下例句让学生通过小组合作完成分析句子成分的任务：

(1) He is the student that likes reading books.

(2) He is the student that others love.

(3) The dog that always follows me is very ugly.

(4) The dog that these children is beating is mine.

(5) I like the girl who has long hair.

(6) The girl who I saw yesterday was Anna.

(7) I know the boy whom Mr. Wang is talking with now.

(8) The fish which is swimming in the pool is big.

(9) The cat which she is playing with is mine.

(10) He is a soldier whose eyes are blue.

(11) The book whose cover is red is yours.

学生根据任务做好组内分工，相互讨论交流，分享、展示学习成果。学生在此过程中，学会自我表达、自我发现、自觉借鉴他人的方法和成果，在相互学习、相互带动的同时也相互激励，增强了学习的成功体验和学习自信。

（三）设计开放性活动，学会自主学习

农村英语基础薄弱的高一新生，很多单词不会读、不理解，这些问题无法完全依赖教师来解决，必须让学生掌握自主学习的方法。英语课程标准中要求学生“选择适合的参考书和词典等工具辅助英语学习”“通过图书馆、计算机网络等资源获得更广泛的英语信息，扩充学习资源”，[1] 这为学生充分利用各种资源进行自主学习指明了方向。

在学习“关系代词的定语从句”前，为了扫清本节课学生单词不会读、不理解的障碍，教师给出本节课需要用到的重点单词，如 ugly，swim—swimming，follow—follows，lose—lost，eyes，blue，hair，handsome，cover，soldier，in the pool，talk with sb.，like—likes，mine，yours，buy—bought—bought，等等，让学生用英文词典查出这些词的音标和释义，并用手机下载词典 App，点击跟读。这样，学生在没有教师的情况下，利用工具辅助学习英语，自己就可以解决生词障碍。再如，针对有些学生不懂什么是定语从句的情况，教师可以设计一些开放性的学习活动：让每个小组去图书馆找一本含有定语从句的英语语法书籍，在书中找出定语从句的概念、结构和分类等知识并摘抄下来；或者让学生在网上或相关的学习资料中搜索出一些由连接代词 who、that、which、whose 引导的定语从句并摘抄下来。设计这样开放性的学习活动，能让学生学会利用学习工具扩充学习资源，并学会自主学习。

二、突出教师主导作用，促进认知策略的衔接

认知策略指学生为了完成具体的语言学习活动而采取的步骤和方法。高中英语关于认知策略的要求提出，“在语境中学习词汇和语法”“利用笔记、图表、思维导图等收集、整理信息”。[1] 在设计定语从句的衔接教学时，采用以下方法能够有效地衔接学生的认知策略。

（一）自编合适的语篇，在语境中学习语法

英语基础薄弱的农村高一新生，通常掌握的词汇量小，更缺少相应的语法知识，如果教学时只归纳语法知识，进行强化训练，学生根本理解不了。根据学情，我们在“关系代词的定语从句”中自编语篇，尽可能地重复使用教学内容中的词汇和句型，帮助学生在熟悉的语境中理解定语从句的概念、用法和结构，降低他们学习的难度。比如，我们自编了如下语篇：

I'm LiHua, a high school student. I have a dog that always follows me. I have a cat whose eyes are blue. I have two good friends. One is a girl who has long hair. The other is a boy whom I often play with. He is now swimming in a pool which is big. We three often go to a shop which is near our school. Yesterday we bought a book whose cover is beautiful. Now we're reading it together.

学生原以为语法是孤立的、枯燥的、难懂的，而在这样的语篇中理解定语从句，既能降低理解难度，又能引起学生的学习兴趣，使学生能够主动地使用定语从句，增强他们在语境中学习理解词汇和语法的能力。

（二）利用思维导图，锻炼整理信息的能力

定语从句的三要素——先行词、关系代词及关系代词在定语从句中的成分，是定语从句学习的要点，也是学习的难点。在传统的关系代词定语从句教学中，很多教师会把定语从句三要素用表格的形式呈现给学生，如表 1 所示：

表 1　定语从句三要素

关系代词	先行词（人 / 物）	关系代词在定语从句中的成分
that	人 / 物	主语 / 宾语
who	人	主语 / 宾语
whom	人	宾语
whose	人 / 物	定语
which	物	主语 / 宾语
as	人 / 物	主语 / 宾语

英语基础薄弱的学生很容易去死记硬背这个表格，却不能理解和正确使用关系代词。为了解决这个问题，在学生理解了句意之后，教师应该留给学生思考的时间，引导其利用思维导图画出定语从句三要素之间的关系，如图 1 所示。

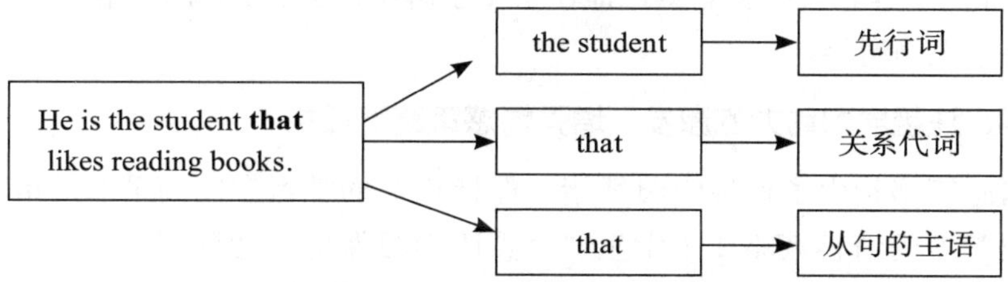

图 1　定语从句三要素分析思维导图

学生通过在具体的语句中寻找、思考，再自己动手画思维导图，就能真正理解定语从句三要素之间的关系，改变以往“老师做得好，学生不动脑”的情况。这种教学方式有利于提高学生对英语语言的理解能力和整理知识与信息的能力。

三、关注过程中的细节，完善交际策略的衔接

交际策略指为了争取更多交际机会、维持交际以及提高交际效果而采取的策略。高中英语学习的交际策略要求“借助语音、语调、重音和节奏的变化以及眼神、手势等手段进行交流”“监控交际中语言运用的得体性，并根据需要作出相应调整”。[1] 语言是思维工具，也是交际工具。作为英语教师，我们要培养学生的交际能力，为他们适应今后的社会生活打好基础。

（一）规范语音语调，打好语言交际的基础

在口头交际中，不规范的语音语调，甚至是不同的重音和节奏都可能会造成误解、引起误会，甚至引发矛盾和冲突。所以，在任何一堂英语课上，教师都要关注学生的语音语调，打好学生英语交际的基础。英语基础薄弱的农村高一新生，多数对语音语调把握不准，教师要做好示范和纠正，如朗读句子“He has a friend whose father is a doctor”时，要提醒学生注意听辨单词发音、句子重音、意群的停顿和连读。教师范读可以先慢后快，使学生能反复跟读和模仿，直至学会正确的语音语调。

（二）尊重文化差异，培养跨文化意识

语言交流既要考虑不同的场所，也要考虑不同的文化，这样才能更好地交流。在设计书面表达“给 Tom 的一封信”（要求至少运用两句定语从句）时，教师就要帮助学生了解英国文化，正确使用英语书信的格式和特定的习惯用语。如书信的开头语：“How are you?”“How is everything?”“How are you getting along these days?”“I miss you very much.”等；书信的结束语：“Good luck!”“Best wishes!”“I am looking forward to your reply.”“May God bless you and your family.”等。教师要有意识地让学生了解中西方文化和思维的差异，做好跨文化意识的衔接。

四、注重学习动力的激发，增强情感策略的衔接

情感策略指为了调控学习情绪、保持积极的学习态度而采取的策略。高中英语学习的情感策略要求学生“对英语学习保持主动和积极的态度，不断增强学习的自信心”“愿意与他人分享各种学习资源”。[1] 在初高中英语衔接阶段，教师要有意识地关注学生学习英语的内在动力和学习欲望，充分调动

其学习兴趣，激发其学习情感，这有利于情感策略的衔接，为学生后续的高中英语学习打好基础。

（一）借助名言，增强学习动力

很多名言警句都具有教育意义和激励作用，很容易激发学生学习的斗志，使其产生积极向上的情绪。在“关系代词的定语从句”的教学中，可以利用这类名言：

(1) A man who neglects his studies in youth will regret it in later years.

(2) Nothing is difficult for one who puts his mind into it.

识记这些名言，既加深了学生对定语从句的理解，又能激励他们努力学习英语，调动学习的内在动力。

（二）鼓励分享，增进学习品质

乐于分享是一种优良的学习品质。教师可以创建英语学习共同体，让学生在共同学习中学会和愿意分享经验和资源，提出积极合理的建议。例如在学习分享环节中，有的学生分享学习定语从句的收获、经验和疑问；有的学生分享听过的含有定语从句的英语歌曲，如 *She*、*That's why you go away*、*Lemon tree* 等；还有的学生分享了其中含有定语从句的英语歌词，如“She is the one that you never forget.”“I'm the one who's feeling lost right now.”“And all that I can see is just a yellow lemon tree.”等。

鼓励学生进行这样的分享，有利于学生形成乐于分享的美德，能够激发学生更加积极主动地学习，让学生收获成就感和幸福感，增进情感策略的衔接。

总之，初高中英语衔接教学是一个重要、复杂、反复的过程。为了避免在衔接教学中出现“教师忙碌、学生迷惑”的现象，教师在衔接学科知识的同时，要关注学生学习策略的衔接，让课堂学习真正发生，让学生尽快适应高中英语的学习，促进学生终身学习能力的发展。

参考文献：

[1] 中华人民共和国教育部. 普通高中英语课程标准（2017 年版）[S]. 北京：人民教育出版社，2018.

第三章

英语核心素养怎么考

指向思维的教学反拨

——对2018年6月高考英语浙江卷阅读题型的思考

葛炳芳[1]

2018年6月高考英语浙江卷以阅读题型为主，其中阅读理解部分由阅读理解和“七选五”两节组成，共15小题，计35分；语言运用部分由完形填空和语篇型填空两节组成，共30小题，计45分；写作部分由应用文写作和读后续写两节组成，计40分。所有这些题型均与语篇有关，即不是理解语篇，就是创写语篇，体现了以语篇为依托，以素养为立意，重视学生思维的运用与发展的特点。

一、素养立意，探讨文本的主题意义

2018年6月高考英语浙江卷依托“人与自我”“人与社会”和“人与自然”三大主题创设的文本语境，倡导关注文本的教育意义，测试学生的语言和思维能力。

阅读理解以说明或议论类的文本为主。A篇探讨英语文学泰斗狄更斯的历史地位，以此纪念这位文学巨人；B篇聚焦塑料袋或可重复使用的购物袋（如棉布袋）哪个对环境更不利，考生在答题的过程中必须运用评判性思维进

① 葛炳芳，浙江省教育厅教研室教研员，特级教师。

行阅读；C 篇分析美国的汽车工业发展史对美国社会文化和环境的影响。阅读部分的第二节是一则说明文，讲述居民乔迁新居后更好更快地融入新社区的四大策略，如保持清洁卫生、做个热情的有心人等，体现了正确地做人做事的价值观引领。完形填空是一则夹叙夹议的文本。文章作者认为，越忙的人越可能把事做好，时间"过多"反而会把事搞砸，考生可从中领悟一些关于时间管理的艺术。语篇型填空讨论"下馆子"三大成本：费用、对身体的影响和肥胖，作者主张自己下厨。读后续写的文本提要是父亲带儿子去"西部荒野"，喂鸡牧羊，体验农场生活；见父亲和叔叔骑马很是潇洒，儿子心生向往，于是亲自上马体验……续写要求学生以"迷路"为"缘由"，对其后的情节进行合理预测，并用英语表达出来。

二、基于语境，注重试题的思维层次

试卷设题注重梯度，基于语料的情境，测试考生在不同思维层次水平的表现能力。

阅读理解（第一节）有半数试题测试考生的评判性思维能力。如表 1 所示，该节的 10 个小题中，考查逻辑性思维的有 4 个小题（第 21、24、25、29 小题），考查评判性思维的有 5 个小题（第 22、23、26、28、30 小题），考查创造性思维的有 1 个小题（第 27 小题）。

表 1　阅读理解（第一节）的问题题干

A 篇	21. Which of the following best describes British novels in the 18th century? 22. Dickens is compared with the Mona Lisa in the text to stress __________. 23. What is the author's purpose in writing the text?
B 篇	24. What has Steven Stein been hired to do? 25. What does the word "headwinds" in paragraph 2 refer to? 26. What is a disadvantage of reusable bags according to plastic–bag makers? 27. What is the best title for text?
C 篇	28. Why is hamburger mentioned in paragraph 2? 29. What has the use of cars in America led to? 30. What is Friedman's attitude towards America's future?

阅读理解（第二节）兼顾行文的"整体"与"局部"，涉及 3 个主题句。第 31 小题为全文的主题句，而第 34、35 小题则为所在段落的主题句。

完形填空考查考生对以叙事为论据的议论文的把握能力。夹叙夹议型文本的完形填空要求考生注意叙事部分（supporting ideas）与议论部分（首尾两段、全文观点）的一致性，即例子服务于观点的意识，考查考生对叙事部分情节推进、主旨表达等的理解能力和逻辑推断能力等。文本紧紧围绕时间与效率展开，聚焦作者对 too much time 的认识之变化，以 fill up one's time（第 53 小题）为主线，探讨 the drive to work and succeed（第 52 小题）的重要性，其中第 39、41、42、45、55 等小题均与时间的表达有关。

语篇型填空强化语言形式与语言意义的关联性。试题有多处要求考生建立语言形式与意义之间的联系，如第 59 小题 remember 后的 visit 是用 visiting（即过去已经发生过的事）还是用 to visit（即将去看朋友），只是意义的区别，单纯从语法的角度看都是正确的。再如第 64 小题，填 weighing 或 weight 在语法上也都是可能的，但结合文本所讨论的话题，前者是错误的，因为前者做动名词，意为“权衡”。

“读后续写”对考生的逻辑、批判和创造等三种思维能力要求很高，缺一不可。本次考试以“读后续写”作为“大作文”，考生的发挥空间较大。但这是“人与自我”主题下的一则叙事性文本，续写中可以考虑以具体的细节表达诸如父爱、在做中学、体验过程等主题。此题要求考生首先要读懂全文的逻辑，从所给内容读取文本的写作主旨——描述“a vacation like never before”；然后从情节发展看作者父子俩所经历的时间节点、环境处境等；再从所给的两个段落首句获知事件发展的基本走向及主要内容，并补充必要的细节（表 2）。续写事件必须强调“内容为王”，即基于不同层次的思维关注事件的发展。只有合适的内容才能让合适的语言发挥其应有的作用。

表 2　读后续写题的写作思路

段落	所给句首	基本走向
第 1 段	Suddenly a little rabbit jumped out in front of my horse	兔子的出现，马、兔子、父子分别有什么反应？产生了什么问题？如何解决？有什么“收获”吗？如何为“迷路”做好铺垫
第 2 段	We had no idea where we were and it was getting dark	迷路了，原因可在此说明，也可在上段说明。如何找到回程的路？与马受惊的“第一现场”有关联吗？回家又有什么感受？与“a vacation like never before”有何关联

三、指向思维，体验语言的赏析思用

《普通高中英语课程标准（2017 年版）》要求学业评价要突出语言能力、

文化意识、思维品质和学习能力等四大核心素养的“主导地位”，“根据学生学科核心素养发展的要求确定具体的评价内容与标准，形成教、学、评统一的有机评价体系”。英语学科核心素养水平划分之素养1（语言能力·二级）要求学习者“认识语言与世界、语言与文化和思维之间的紧密联系”；英语学科核心素养水平划分之素养3（思维品质·二级）则要求学习者“主动观察语言和文化的各种现象，通过比较，识别各种信息之间的主次关系”。[1]

从这份试卷与阅读有关的题型要求来看，普通高中英语教学不仅要关注语言知识，更要关注语用、思维与文化。普通高中英语教学要不断加强阅读教学和阅读教学研究，英语教师要加强自身的文本解读能力和阅读教学能力，进而多方位、多层次、多角度地思考英语教学；注重基础，重视综合语言运用能力和学习策略的培养，在语言学习的过程中创造机会帮助学习者发展思维能力，基于核心素养，改进英语教学。不管以后的“大作文”考的是概要写作还是读后续写，充分重视文学作品和经典美文的教学，体验语言的赏析思用，是高中英语教学和研究的重中之重。

以“读后续写”题型为例。该题型要求考生依据所读材料内容、所给段落开头语和所标示关键词进行续写（150词左右），将其发展成一篇与给定材料有逻辑衔接、情节和结构完整的短文，[2]“是一种将阅读与写作紧密结合的考查形式，旨在考查学生的综合语言运用能力”，主要聚焦“把握短文关键信息和语言特点”“语言运用的准确性和丰富性”“对语篇结构的把控能力”和“创造性思维能力”。[3]考生的阅读能力和对关键事件、全文主旨的把握能力决定了故事发展的内容选择，体现了其所写“内容的丰富性”和“上下文的逻辑性”，考生的语言积累决定了其“应用语法结构和词汇的丰富性和准确性”。[2]在平时的教学中，我们要牢牢把握思维能力的培养契机，以“逻辑性思维先于评判性思维，评判性思维先于创造性思维”的培养思路，把“发展学生思维能力”落到实处。

总之，“读写整合引领语言运用，思维能力统整语言学习”是浙江省英语新高考带来的重要启示。这就要求教师在日常教学中不仅要注重培养学生提取文本信息、建立信息点之间的相互联系的能力，还要注重指导学生学习推断作品人物或者作者的意图（思维），并表达自己的理解和观点，对作品进行鉴赏，即做到内容、思维和语言的进一步整合进而达到内化文化、活跃思维、开阔视野，不断提升学生阅读素养的目的。[4]

参考文献：

[1] 中华人民共和国教育部 . 普通高中英语课程标准（2017 年版）[M]. 北京：人民教育出版社，2018.

[2] 教育部考试中心 . 普通高等学校招生全国统一考试英语科考试说明（高考综合改革试验省份试用）（第一版）[M]. 北京：高等教育出版社，2015.

[3] 刘庆思，陈康 . 关于一年两考高考英语试卷中读后续写设计的研究 [J]. 中小学外语教学（中学篇），2016，39（1）：1-5.

[4] 葛炳芳 . 读写整合引领语言运用，思维能力统整语言学习——浙江省英语新高考首考带来的启示 [J]. 教学月刊·中学版（教学参考），2017（Z1）：3-7.

近年高考英语试题书面表达部分出题特点与思考

——以2015—2019年高考英语全国卷为研究对象

韩甲祥①

相比英语测试中的其他部分试题，写作是最能反映学习者语言功底和语言综合运用能力的输出形式。[1] 它不仅测试学生的词汇、句法、语法等语言要素，而且还测试学生的语篇组织能力、表达能力、分析能力，以及对各种语体的掌握能力。[2] 作为一种科学的写作能力测试，高考英语中的写作任务能够全面反映学生的实际语言水平，有较强的区分度，也有利于高校选拔人才。同时，写作测试给教学带来了强大的反拨作用。

近年来，高考英语全国卷的压轴大题均为书面表达（即写作部分第二节），赋分为25分，高于同套试卷中的其他所有单项题目。本文拟以2015—2019年高考英语全国卷中的书面表达部分为对象，从不同维度对其特点进行历时研究，分析高考英语该类题目的命制特点，并为高中英语写作教学提供参考。

一、研究设计

（一）研究对象

本文的研究对象为2015—2019年高考英语全国卷第四部分写作的第二节：书面表达，共计14道题。其中，2015年全国卷共2套，2016—2019年全国卷每年3套，共14套。书面表达题的主题如表1所示。

表1　2015—2019年高考英语书面表达题的主题

年份	试卷	主题
2019	全国Ⅰ卷	申请做伦敦美术馆举办的中国画展的志愿者
	全国Ⅱ卷	告知外籍队员球队近期参加比赛的情况
	全国Ⅲ卷	邀请英国朋友参加学校举办的音乐节

① 韩甲祥，中国人民大学附属中学英语教师。

续表

年份	试卷	主题
2018	全国Ⅰ卷	告知新西兰朋友来中国家庭做客的相关习俗
	全国Ⅱ卷	通知学生观看英文短片
	全国Ⅲ卷	告知英国朋友有关学校学生体育运动的情况
2017	全国Ⅰ卷	告诉英国朋友下次上课的计划
	全国Ⅱ卷	邀请外教参加中国剪纸艺术展
	全国Ⅲ卷	邀请留学生朋友加入校乒乓球队
2016	全国Ⅰ卷	请外教修改所附材料的文字和格式
	全国Ⅱ卷	约请英国朋友提供摄影作品
	全国Ⅲ卷	因故不能按照约定一起去书店，向留学生朋友致歉
2015	全国Ⅰ卷	约请美国朋友给校报《外国文化》栏目写稿
	全国Ⅱ卷	邀请外教去敬老院陪老年人过重阳节

（二）分析框架

结合前人在此方面的研究和笔者的高三教学经验，拟定英语高考书面表达题分析框架，包括试题内容、馈入信息、情景设计和文化意识素养4个方面。试题内容具体分体裁、题材和语体3个方面。近年来，高考英语全国卷书面表达部分均为应用文，其体裁可具体分为邀请信、告知信、致歉信、申请信等。在题材方面，可分为学校生活/学习、日常生活、社会与文化、个人经历、教育、环境保护、交通和旅游等7个方面。语体方面，根据正式程度将书面表达部分分为正式体和非正式体。

馈入信息在书面表达中以多种方式呈现，如语言文字、图画、图表等。出题者在设计馈入信息时，应考虑文字信息是否充足，题目中的图表、图画是否足够清晰明了，提纲要点是否明确而简洁等。近年来，高考英语全国卷书面表达部分的馈入信息均通过文字信息呈现（其他试卷有图片或图表等呈现方式）。

书面表达分析的另一维度为情景设计。其中首先需要考虑的是情景的真实性，即情景的设计应该考虑到该情景是否为受试者现在或将来很有可能遇到的情景。对于高考而言，真实的情景主要体现在高中生熟悉的方面，贴近其实际生活或者将来要面对的生活，如学生的学习或日常生活等。对于情景真实的题目，考生写起来感到熟悉、亲切、自然，不同层次的考生都有话可写，这样更有利于考查考生真实的语言综合运用能力。开放性是情景设计的另一个重要方面，对于写作的信度和难度都有直接影响。笔者认为，命制书面表达题时应有一定的规定性，以限制受试者的语言输出内容。与此同时，试题也应有开放性，供受试者自由发挥。适度的开放性有利于区分水平不同的受试者，从而有效地选拔人才。

文化意识指理解中外文化和认同优秀文化，是在全球化背景下学生表现出的文化意识、人文修养和行为取向。《普通高中英语课程标准（2017 年版）》将英语学科核心素养定为 4 项内容：语言能力、文化意识、思维品质、学习能力。该课程标准同时指出，英语学业水平考试和高考不仅考查学生的英语语言运用能力，还要渗透对文化意识、思维品质和学习能力的考查。高考对于考生文化意识素养的考查方法和考查程度也值得关注。

结合以上分析，本文中的高考英语书面表达题分析框架如表 2 所示。

表 2　2015—2019 年高考英语书面表达题分析框架

项目		类别
试题内容	体裁	邀请信、告知信、致歉信、申请信、求助信、约稿信、书面通知
	题材	学校生活 / 学习、日常生活、社会与文化、个人经历、教育、环境保护、交通和旅游
	语体	正式 / 非正式
馈入信息	提示信息量	多余、充足、过少
	要点数量	/
情景设计	真实性	较强、较弱
	开放性	较大、适度、较小
文化意识素养		体现 / 未体现

二、研究结果

（一）试题内容

全国卷 14 道书面表达题中共出现了 7 种体裁，基本涵盖了应用文常见体裁。在应用文的具体类别中，出现频率较高的是告知信和邀请信，分别为

4 道，基本每年都会涉及。约稿信出现了 2 次，分别是约请对方提供摄影照片和文字稿件，近 3 年没有出现。其他只出现了 1 次的有申请信、求助信、致歉信和书面通知。2018 年和 2019 年出现的分别是书面通知和申请信。

在题材方面，近 5 年高考英语全国卷书面表达的题材集中在学校生活 / 学习、日常生活和社会与文化方面。14 道书面表达题中，学校生活 / 学习占了一半，日常生活有 4 道，社会与文化有 3 道。社会与文化虽然所占比重相对较小，但在近 3 年的考题中反复出现，其重要性可见一斑。

在语体方面，正式语体有 6 道，非正式语体有 8 道，两者差别不大，说明学生对两种语体下的语言使用都须完全熟悉。但从近 2 年看，正式语体只有 2 道，明显低于非正式语体的出现频率。

综上，近 5 年高考英语书面表达试题内容分析结果如表 3 所示。

表 3　2015—2019 年高考英语书面表达试题内容分析

年份	试卷	体裁	题材	语体
2019	全国Ⅰ卷	申请信	社会与文化	正式
	全国Ⅱ卷	告知信	学校生活 / 学习	非正式
	全国Ⅲ卷	邀请信	学校生活 / 学习	非正式
2018	全国Ⅰ卷	告知信	社会与文化	非正式
	全国Ⅱ卷	书面通知	学校生活 / 学习	正式
	全国Ⅲ卷	告知信	学校生活 / 学习	非正式
2017	全国Ⅰ卷	告知信	日常生活	非正式
	全国Ⅱ卷	邀请信	社会与文化	正式
	全国Ⅲ卷	邀请信	学校生活 / 学习	正式
2016	全国Ⅰ卷	求助信	日常生活	正式
	全国Ⅱ卷	约稿信	学校生活 / 学习	非正式
	全国Ⅲ卷	致歉信	日常生活	非正式
2015	全国Ⅰ卷	约稿信	学校生活 / 学习	非正式
	全国Ⅱ卷	邀请信	日常生活	正式

（二）馈入信息

从题目给出的提示信息量来看，近5年大部分题目能够做到信息量充足。通过阅读题目要求，考生可以获得足够的信息，了解写作的背景和内容。相对来说，2018年全国Ⅰ卷重点考查考生用英语表达中国习俗的能力，从要点到题干都给考生留了较大的余地。文中的3个要点均只提示了文章的构思方向，具体内容需要考生自己组织，如题干中对于文章的背景仅提出“去中国朋友家做客”，朋友的具体身份等信息需学生发挥想象。2018年全国Ⅱ卷书面表达题干中提到英文短片的题目是“Growing Together”，中文意思为“一起长大”，但未明确说明该片主题是学校还是学生，或是某个项目，因此要点3中对短片提建议相对不易聚焦。2016年的全国Ⅰ卷书面表达是近5年唯一一次没有通过提纲形式表明要点的题目。题干中仅提到“请外教修改所附材料的文字和格式”，稍显笼统。仅有的一次信息提示量较多的是2015年全国Ⅰ卷书面表达，也是近5年要点数量最多的一次，但题目中的要点1、要点2和题干中的描述有部分重合。

从要点数量方面看，过去5年的要点数量为1～4个。近2年要点数量稳定在3个。这样既可以检测考生在要点间进行逻辑衔接的能力，又不至于因为试题给出的要点太多而影响了考生的发挥空间。

（三）情景设计

从试题所设情景的真实性来看，近5年14道书面表达题中，有10道题真实性较强，能够做到与考生的日常学习和生活结合，使考生有话可写，这也体现了该题考查考生英语实用能力的初衷。如2019年全国Ⅲ卷邀请英国朋友参加学校举办的音乐节。如今学生的校园生活越来越丰富多彩，学生可以越来越多地接触到外国文化，因此以校园音乐节为契机，向外国学生发出邀请，共同呈现多元的文化活动，贴合学生的校园生活实际。14道书面表达题中有4道题的真实性相对较弱。如2018年全国Ⅱ卷，虽然要播放的是英文短片，但受众都是中国学生（题目未提及留学生，故默认为中国学生），因此通知没有必要以英文呈现，文章背景设计不够合理。又如2016年全国Ⅰ卷，假定考生暑期到外贸公司找兼职，给外教写信让其帮忙修改求职申请和个人简历，这一选题对于这一年龄段的学生来说不太真实，更适合作为大学英语四、六级考试场景出现。

从开放性方面看，14道书面表达题中有10道题开放性适中，既对要点内容做了一定的要求，又留给考生一定的发挥空间。以2017年全国Ⅰ卷中的书面表达题为例，该题要求考生给一位正在学习汉语的英国朋友写一封邮件，告知对方下次上课的计划。提示信息包括：（1）时间和地点；（2）内容：学习唐诗；（3）课前准备：简要了解唐朝的历史。3条提示信息对整个邮件的内容做了一个大致的框定，即学习的时间、地点、内容及课前准备，但又不仅限于此。在学习内容方面，学习汉语是一个很宽泛的概念，是学习汉语的语音、句法，还是某一特定方面，仅靠“内容”这一提示信息还无法确定，因而第2条提示信息还进一步明确了学习的内容为唐诗，试题对考生写作能力的考查集中在这一具体的方面。第3条提示信息亦是如此。可以说，该题对提示信息的详略程度把握得十分精准，不仅写作范围明确、提示信息简练，而且写作要点也十分突出。另外，从表4可以看出，近3年的书面表达题开放性均为“适度”或“较大”，这体现了写作命题的一个趋势，即通过给考生留有一定的空间，来提高写作部分的区分度，让英语水平较高的同学能够真正脱颖而出。

表4　2015—2019年高考英语书面表达情景设计及文化意识素养分析

年份	试卷	真实性	开放性	文化意识素养
2019	全国Ⅰ卷	较弱	适度	体现
	全国Ⅱ卷	较强	适度	未体现
	全国Ⅲ卷	较强	适度	未体现
2018	全国Ⅰ卷	较强	较大	体现
	全国Ⅱ卷	较弱	适度	未体现
	全国Ⅲ卷	较强	适度	未体现
2017	全国Ⅰ卷	较强	适度	体现
	全国Ⅱ卷	较强	适度	体现
	全国Ⅲ卷	较强	适度	未体现
2016	全国Ⅰ卷	较弱	较小	未体现
	全国Ⅱ卷	较强	较小	未体现
	全国Ⅲ卷	较弱	适度	未体现
2015	全国Ⅰ卷	较强	较小	未体现
	全国Ⅱ卷	较强	适度	体现

（四）文化意识素养

从表4可以看出，在近5年的书面表达题中，9道题未考查考生的文化意识素养，5道题进行了相关考查。5道题中有4道题出现在近3年，而且全国Ⅰ卷在近3年都进行了文化意识素养考查，说明命题人对此方面的关注度提高。这5道题涉及的中国文化包括：中国画、待客习俗、唐诗、剪纸和传统节日。涉及文化意识素养的题大多都具有适度的开放性，而不能仅靠翻译提纲就能写出要点。这就要求考生有相关方面的知识储备，并能够通过地道、流畅的英语表达出来。用英语介绍中国传统文化，是新课程标准指导下英语教学的题中之义，对英语教学具有导向性的指导作用。

三、对命题与教学的建议

随着全国范围内英语教学水平的不断提高，书面表达部分越来越多地承载了体现语言综合运用能力、增加不同英语水平考生间区分度的任务。因此，在今后的试题命制过程中，命题人应追求试题真实性和文化意识素养的最佳结合点，同时保持适度的开放性。以上3个维度是当今书面表达试题命制首要考虑的方面。

其次，《普通高中英语课程标准（2017年版）》明确指出：语言技能包括听、说、读、看、写等方面的技能。与2003年版的《普通高中英语课程标准》相比，首次将“看”作为明确的语言技能，要求学生能利用多模态语篇中的图形、表格、动画、符号、视频等理解意义。在实践中，目前的写作任务也将逐步发展成为“读、看、写”技能相融合的综合型写作任务，进一步实现理解性技能与表达性技能的综合考查。然而“看”这一语言技能尚未在近年高考英语全国卷中体现出来。如何在高考试题中体现对“看”这一能力的考查，是摆在高考试题命题人面前的问题。

同时，从上文分析可以发现，近年高考作文所涉及的体裁均为应用文常见体裁，对正式与非正式语体都进行了考查。在高中英语写作教学中，教师应强调体裁和语体概念，引导学生在审题时要特别注意根据所设情景确定体裁和语体，而不应该直奔要点。同时，教师应该在写作教学过程中给出相关的特定表达，如有关“邀请”“期待”“致歉”的表达。这些表达与应用文要传递的信息关系不大，但也是评分过程中非常重要的一部分。考生熟练掌握这些表达后，可以在考场上节省更多的时间构思具有开放性的其他要点。

此外，近几年来，高考书面表达任务中明显体现出了对于文化意识素养的侧重，对于高三年级甚至整个高中阶段的英语教学都产生了极大的反拨作用。很多教师也注意到了这一点，于是给学生印发了长篇的有关特定文化主题的文章，要求学生背诵。如此简单粗暴的处理方式加重了学生的负担，效果并不理想。笔者认为，有关传统文化方面的输入是非常必要的，但材料的选择和使用直接影响教学效果。从选材方面看，教师宜选取篇幅较短的文本作为精读材料，应注重对某一景点、节日或其他概念结构上的分析，方便学生快速了解文本的主要内容，并能够举一反三，在介绍其他类似概念时也可以快速理出思路。

参考文献：

[1] 何静秋，杨劲松．以写作为导向的英语专业课程整合模式构建［J］．天津外国语大学学报，2011，18（6）：47-53.

[2] 韩宝成．外语教学科研中的统计方法［M］．北京：外语教学与研究出版社，2000.

基于《中国英语能力等级量表》的高考英语试题分析

——以2020年高考英语全国卷及新高考Ⅰ卷阅读理解题为例

栗瑞莲①

一、《中国英语能力等级量表》的“阅读量表”

阅读不仅是人们获取信息和知识的重要渠道，也是人们学习语言的主要方式之一。[1] 同时，阅读测试作为各类大型考试中单项分值最高的部分，一直备受关注。阅读测试不仅考查学生的语言知识，如词汇、语法、句法等，也涉及对学生理解能力、分析能力的考查。

阅读既是读者处理文本信息、积极主动地与文本互动的心理语言学过程，也是受到各种因素影响的社会语言学过程。[2] 关于阅读能力的界定，学界尚未有定论。本文参照的是《中国英语能力等级量表》②（以下简称“量表”）对阅读能力的定义。

曾用强等学者从多个维度对英语阅读能力进行了界定，认为阅读能力包含认知能力和阅读策略，其中认知能力涵盖识别与提取、概括与分析、批判与评价书面信息的能力。[3] 同时，在对量表进行描述时，除认知能力外，还采用了文本类型、话题类别、内容结构等参数（表1）。阅读者在这4个维度的知识储备和能力基础共同指向对其阅读能力的描述。不同于其他按照体裁对文本类型进行分类的做法，阅读量表将文本按照文本的功能或目的分为叙述、描写、说明、论述、指示、交流6类；话题类别与《普通高中英语课程标准（2017年版）》的话题吻合，更多是从子话题的角度进行举例、归类的；在认知能力维度，量表将其划分为识别 / 提取、概括 / 分析、批判 / 评价几个级别；在内容结构方面，量表划分出语言结构、显性信息、隐性信息3个层次。

---

① 栗瑞莲，北京市海淀区教师进修学校英语教研员。

② 《中国英语能力等级量表》（China Standards of English，简称“CSE”）是首个面向中国学习者的英语能力标准，由教育部考试中心研制，经国家语委语言文字规范标准审定委员会审定通过，于2018年4月12日由教育部、国家语言文字工作委员会正式发布，作为国家语委语言文字规范自2018年6月1日正式实施。

表 1　阅读能力描述语参数

文本类型	叙述	绘本故事、儿歌、童谣、故事、寓言、人物逸事、人物传记、小说、日记、诗歌、戏剧等
	描写	（人物、地点场景等）描写文、散文
	说明	应用文、科普短文、说明书、报纸杂志、数据图表类材料、学术报告（调研报告）等
	论述	议论文、演讲稿、社会评论、时事评论、学术文献等
	指示	指示类短文、标识、交通指南、操作指南等
	交流	应用文、对话、书信等
话题类别		人 / 事 / 物 / 景、日常生活、社会生活、文化、科技、人文、时事热点、哲理等
认知能力	识别 / 提取	提取、找出、识别、罗列、指出等
	概括 / 分析	区分、辨别、归类、比较、解释、分析、总结、概况、推论、预测等
	批判 / 评价	评价、批判、判断、辩解、欣赏、赏析等
内容结构	语言结构	词义、句子结构、篇章结构、语言特征、修辞手法、语言得体性等
	显性信息（内容）	细节信息、具体信息（内容）、故事梗概、主要信息（内容）、主旨大意、关联信息等
	隐性信息（内容）	隐含信息（内容、意义）、写作意图、作者观点或态度、美学价值等

本文将量表中的阅读量表与高考英语阅读对接，以阅读量表为基础，从文本类型、话题类别、认知能力、内容结构 4 个维度对 2020 年高考英语全国Ⅰ、Ⅱ、Ⅲ卷及新高考Ⅰ卷（山东使用，以下简称“新高考Ⅰ卷”）4 套试题的阅读理解部分的 16 个语篇及试题（不含信息还原）进行分析，发现其命题特点，探索其能力指向。

二、基于“阅读量表”的试题分析

（一）文本类型

通过对 2020 年高考英语的 16 篇文本进行分析（表 2），可以看出，高考阅读理解部分涉及量表中提及的 5 种文本类型。其中，以广告类文本及科普短文和研究发现最为常见。在 16 个语篇中，广告类文本、科普短文及研究发现各出现 3 次（本文将科普短文定义为向读者介绍一个现象、一项科技成果或一个事理的语篇，而将研究发现短文定义为向读者介绍某项研究的语篇，得出该分析结果）。同时，描写类文本亦出现3次。叙述类文本出现2次，分别为个人经历和故事的叙述。指示类文本出现1次，论述类文本出现1次。根据表1，广告、科普短文和研究发现均可以归为说明文的范畴；结合表2可以看出，说明文在2020年高考阅读测评中占比最高，占比约56%。

表2　2020年高考阅读语篇文本类别分析

卷别	A篇	B篇	C篇	D篇
全国Ⅰ卷	指示——通知公告	描写——散文	说明——科普短文	说明——研究发现
全国Ⅱ卷	说明——广告	说明——研究发现	说明——科普短文	叙述——个人经历
全国Ⅲ卷	说明——广告	论述——社会评论	描写——现象	说明——科普短文
新高考Ⅰ卷	说明——广告	叙述——故事	描写——事件	说明——研究发现

（二）话题类别

2020年高考阅读语篇的内容涵盖课程标准提出的“人与自我、人与社会、人与自然”三大主题语境，话题多样，包含了日常生活、时事热点、社会文化、科技发展等。从分布上来看，科技、文化和日常生活出现的频次最高，其中科技话题出现了6次，文化和日常生活的话题分别出现了3次（表3）。

表3　2020年高考阅读语篇话题类别分析

卷别	A篇	B篇	C篇	D篇
全国Ⅰ卷	日常生活——火车信息	事件——重读书籍	科技——竞走	科技——植物科技
全国Ⅱ卷	日常生活——旅游广告	科技——智力游戏	科技——海狸鼠皮毛	事件——图书馆情缘
全国Ⅲ卷	日常生活——旅游广告	时事热点——电影科技	文化——多代人共同生活	科技——人类进化（以Bajau为例）
新高考Ⅰ卷	文化——诗歌挑战赛	人物——成功之旅	文化——新书介绍	科技——饮食研究

话题是意义的载体。《中国高考评价体系》明确规定立德树人是高考的根

本任务。高考应始终坚持以价值为引领，确保立德树人根本任务在高考中的落实力度和落实效果，确保高考评价的正确方向。2020 年的高考英语语篇，选材新颖，立意积极，为考生提供积极阅读体验的同时，还能对学生实施价值观的引领和渗透。例如，全国 I 卷中的 B 篇讲述的是作者对于重读一本书的描述，通过阅读这本书，学生学会更好地审视自己，审视好的书籍在我们生活中的意义和价值。全国 Ⅱ 卷中的 C 篇讲述的是环保与捕杀海狸鼠的关系，看似矛盾的两个事件，却能引导考生思考“什么是真的环保”这样一个话题。全国 Ⅱ 卷中的 D 篇讲述的是作者对于图书馆的挚爱，作者从自己与图书馆的缘分入手，娓娓道来，一步步点明图书馆在普通人生命中的作用。成为作家后的作者对图书馆的作用有了更深的认识：人人都有读书的权利，图书馆应是那些买不起书却又热爱读书的人的福地。在此基础上，作者进一步呼吁，作家都应该为图书馆的发展贡献一分力量，这体现了作者的社会担当。读完此文，考生也会对热爱读书和社会担当这两个话题有进一步的了解。全国 Ⅲ 卷的 A 篇内容是关于世界多地的旅游广告，在这些广告背后，不同国家地区的文化跃然纸上。通过阅读这类文本，考生会加深对世界的理解，意识到文化的多样性，增强文化包容。新高考 I 卷 B 篇讲述的是一个普通人通过克服艰难险阻终于有所成就的故事，考生可以在他人的故事里汲取营养，更好地思考个人价值。

综上所述，2020 年高考英语语篇的话题体现了高考评价体系的要求，考生阅读这些语篇的同时，也是坚定理想信念、提升品德修养、培养奋斗精神以及健全人格、锤炼意志的过程。

（三）认知能力

2020 年高考英语全国 Ⅰ、Ⅱ、Ⅲ 卷及新高考 I 卷中各有 15 道阅读选择题。对 2020 年高考英语阅读语篇的设问进行分析，并对相同认知能力的题目进行合并，我们可以得出结论：2020 年高考阅读理解考查以信息的识别 / 提取和概括 / 分析为主，其中概括 / 分析占比最高，是阅读部分考查的主要认知能力；批判 / 评价在全国 Ⅲ 卷中未涉及，在其他 3 套试题中分别有 2 道题目指向对学生批判 / 评价能力的考查（表 4）。

表 4 2020 年高考阅读语篇认知能力考查分析

卷别	识别 / 提取（道）	概括 / 分析（道）	批判 / 评价（道）
全国 I 卷	4	9	2
全国 II 卷	6	7	2
全国 III 卷	5	10	0
新高考 I 卷	5	8	2

通过关联试题可以发现，识别 / 提取指向的是文本细节信息的处理，这类题目往往是整套试题中难度系数较低的部分。以全国 I 卷的阅读理解 A 篇为例，3 道题目分别以“What would you do to get ticket information? ”“At which station can you find the lost property office? ”“Which train would you take if you go from Central to Varsity Lakes? ”进行提问，直指细节信息和事实信息。细节题的设问中不会出现表达个人观点或者态度、喜好的词汇，主体词汇往往都是文本中出现过的内容。值得关注的是，细节和事实信息的提取，有时候也需要考生对信息进行转换加工，理解同一信息的不同表达方式，在此基础上理解文本和试题，进行作答。

概括 / 分析通常指向文本主旨要义、段落大意、细节推断、词义猜测等的考查，这类题目设问灵活、方式多样。例如，全国 I 卷第 25 题的“What do we know about the book *A Moveable Feast*？”、第 32 题的“What is the first paragraph mainly about? ”和第 35 题的“Which of the following can be the best title for the text? ”等。这类问题需要考生对文本信息有透彻的理解，并能根据需要对文本内容进行概括整合以及分析判断。

结合量表对高考阅读试题进行分析可知，2020 年高考英语阅读理解部分涉及的批判 / 评价主要指向对文本信息的评价和判断。以全国 II 卷第 32 题为例，该题题干为：“Which word best describes the author’s relationship with books as a child? ”这种问题虽然基于文本信息，但是考生无法从文本中找到问题答案，需要调动自己的认知策略进行分析、评价，并得出结论。

（四）内容结构

根据量表的定义，语言结构指的是词义、句子结构、篇章结构等；显性信息包含细节信息、具体信息、主要信息、故事梗概、主旨大意、关联信息等；隐性信息包含隐含信息、写作意图、作者观点或态度等。从定义可以看出，显性信息可以通过提取或者整合文本信息得到，而隐性信息则需要对文本信息进行推理判断得到。隐性信息的考查从能力要求上要高于显性信息的考查。

2020 年高考英语全国Ⅰ、Ⅱ、Ⅲ卷及新高考Ⅰ卷中均有对语言结构的考查，其考查的具体形式为词义猜测或者指代。例如，全国Ⅰ卷考查了 currency 在语境中的意义，全国Ⅱ卷除了考查 collapse 的意义，还考查了 an added meaning 在句中的指代作用。此外，文本结构也是高考中的一个常考点，通常以文本结构图的形式呈现。显性信息是阅读理解考查的重点，平均占比为 75.5%；隐性信息的考查占比较低，有 2 ~ 4 道题指向隐性信息的考查。语言结构占比较少，每套试题都有 1 道词义猜测题的考查，有 2 套试题中出现了对信息指代的考查（表 5）。

表 5　2020 年高考阅读语篇认知能力考查分析

卷别	语言结构（道）	显性信息（道）	隐性信息（道）
全国Ⅰ卷	1	11	3
全国Ⅱ卷	2	11	2
全国Ⅲ卷	1	12	2
新高考Ⅰ卷	2	19	4

显性信息的考查设问方式多样，可以是基于事实和具体信息的提问，也可以是基于文本或段落大意的提问，文本标题也是显性信息的一种。隐性信息的考查较少，但是每套题中均有涉及。隐性信息的设问方式往往以“infer”这类词汇为核心，考查考生对文本深层内涵的理解。

三、对教学的建议

通过对 2020 年高考英语全国Ⅰ、Ⅱ、Ⅲ卷及新高考Ⅰ卷的分析可以看出，目前的英语阅读重点考查的文本类型仍为非虚构类文本。因此，第一，教师在教学中应切实增加非虚构类文本的比例，并通过思维导图等形式强化学生对文本结构的把握。教师在教学中还可以根据文本类型的不同，对文本进行基于功能的结构化处理。例如，论述类文本通常由论点、论据、论证构成，教师在引导学生对论述类文本进行解读的时候，就可以从这 3 个层面进行文本的结构化处理；科学研究类文本的关键信息通常围绕研究发现、研究方法、研究主体、研究意义等层面展开，在阅读这类文本时，教师就可以引导学生去梳理、建构这几个方面的信息。

第二，在阅读教学中要有主题意识。首先，教师应该尽量选择有助于学生情感态度与价值观提升的、内容丰富的文本，使学生在阅读的过程中涵养品格，培育正确的价值观。其次，面对不同类别的文本，教师要首先判断该文本属于哪一个话题类别，将同一个话题类别的文本进行归类，并带领学生在这个话题下进行意义建构，在意义建构的过程中积累话题词汇，实现用英语做事的目的。同时，教师还应关注学生信息转述能力的培养，让其积累相同信息的不同表达方式。在日常生活中可以通过用自己的语言复述文章、改写等方式来进行训练，促进学生积累。

第三，教师还应通过问题链等形式发展学生的高阶思维能力。笔者在调研中发现，很多教师的阅读教学仍停留在对事实信息进行处理的阶段，学生在课堂上的大多数时间都在进行信息的提取和识别，而对信息的概括和分析、批判和评价涉及较少。这样的课堂设计不符合学生发展核心素养的要求，教师应在课堂上设计不同层次的问题，从事实信息入手，逐步引导学生从归纳整合文本信息，再到对文本信息进行评价，或者进行合理的形象创造，借以发展学生的思维。以 2020 年高考英语全国Ⅱ卷的 D 篇为例，在学习这篇文章时，教师可以通过设置如下几个问题来实现对学生思维能力的培养。

1.What role did library play in the author's life?

2.How did the author's relationship with library change? What made the changes occur?

3.What can we learn from the author's experience with library?

第四，教师应该关注对文本信息的解读。教师应该深入学习课程标准，重点从 what、why、how 的角度对文本进行解读。值得提出的是，这 3 个角度不是割裂的，三者应该有机统一，共同指向文本意义的建构和表达。教师在这个过程中，应该注意加强对语言结构和文本隐性信息的分析，增强学生对这两者的敏感度，从而更好地进行文本解读，让文本的价值最大化。

参考文献：

[1] 程晓堂，陈萍萍 . 基于大数据的英语阅读能力培养及测评体系构想［J］. 外语电化教学，2019（2）：40-44，60.

[2] Weaver，C. Reading Process: Brief Edition of Reading Process and Practice（3rd ed.）［M］. Portsmouth: Heinemann，2009.

[3] 曾用强 . 中国英语能力等级量表的“阅读量表”制定原则和方法［J］. 外语界，2017（5）：2-11.

立德树人在英语高考命题改革中的体现与落实

——以 2021 年高考英语全国卷试题为例

赵连杰 ①

为把党的十八大和十八届三中全会关于立德树人的要求落到实处，2014 年教育部印发《教育部关于全面深化课程改革落实立德树人根本任务的意见》，指出课程改革的主要任务之一是“全面发挥课程标准的统领作用，协同推进教材编写、教学实施、评价方式、考试命题等各环节的改革”。同年，《国务院关于深化考试招生制度改革的实施意见》颁布，要求围绕立德树人根本任务深化高考考试内容改革。2019 年教育部考试中心研制出版《中国高考评价体系》[1] 和《中国高考评价体系说明》[2]，明确将立德树人作为高考的根本任务，确保高考工作的各个方面均围绕立德树人开展。概言之，立德树人是高考“为什么考”的核心功能，是高考“考什么”的核心价值，是高考“怎么考”的价值引领。[3]

在上述政策文件的指引下，近年来基础教育各学科也在努力探索高考命题的改革形式，力图以润物细无声的方式，进一步强化试题的立德树人导向，英语学科也不例外。作为一门语言学科，英语具有工具性和人文性融合统一的特点，有其独特的学科本质观和学科育人观。《普通高中英语课程标准（2017 年版 2020 年修订）》（以下简称“《英语课标》”）明确指出：“学习和使用英语对汲取人类优秀文明成果、借鉴外国先进科学技术、传播中华文化、增进中国与其他国家的相互理解与交流具有重要的意义和作用。”[4] 那么，高考英语如何体现反映学科本质特征、具有学科特色、指向立德树人的命题理念与技术呢？

2021 年高考英语全国卷是贯彻落实《深化新时代教育评价改革总体方案》要求的开局之年，是继续完善依据《英语课标》和《中国高考评价体系》命题，落实立德树人根本任务，进一步深化“五育并举”改革的关键时间节点。本文以 2021 年高考英语全国卷（含全国甲卷、全国乙卷、新高考Ⅰ卷和新高

---

① 赵连杰，首都师范大学教师教育学院教师。

考Ⅱ卷）为研究对象，对其落实立德树人的命题理念与技术进行评析，并在此基础上对高中英语教学提出相应的建议。

一、指向立德树人导向的高考英语命题评析

（一）试题素材为立德树人提供主题语境

纵观四套2021年高考英语全国卷发现，其试题素材涵盖人与自我、人与社会和人与自然三大主题语境。试题选用真实、地道、典型的当代英语素材，题材丰富，语篇类型多样，包含大量中华优秀传统文化以及承载德智体美劳“五育”的话题内容。

1. 指向立德树人的语言素材真实

命题的真实性一直是语言测试探讨的核心议题之一。体现语言测试真实性的一个重要方面是选择真实的语言素材。《英语课标》在对学业水平考试与高考命题建议中强调，英语试题的设计在选择语言素材时，要尽量使用真实、地道、典型的当代英语素材；语言材料的题材和体裁要丰富多样；语言素材所创设的语言运用情境要充分考虑高中学生的生活经验及其所处的社会环境。[4] 2021年高考英语命题素材大多选自近年来国外知名网站，经过删减、替换、补充等加工处理，最大限度地保留了当代英语素材的真实性、地道性和典型性。这些真实、多样的英语素材规约语言知识、文化知识、语言技能等考查范围，为指向立德树人的命题理念和技术提供了有机渗透情感、态度和价值观的主题语境。

2. 指向立德树人的文化内容全面

中华优秀文化包括优秀传统文化、革命文化和社会主义先进文化。2021年高考英语全国卷加强了对上述文化的考查。全国甲卷语法填空语篇是一篇小游记，作者向我们简要地介绍了西安古城墙的景物和文化，以及骑自行车游完城墙的经历；全国甲卷作文书面表达题则创设了写邮件询问外国朋友哪些中国传统文化更吸引外国友人的任务情境，通过用英语讲述中国故事的方式，引导学生坚定文化自信；新高考Ⅰ卷语法填空语篇则主要介绍了游览黄山美景的所见所闻，激发学生对祖国大美河山的热爱之情；新高考Ⅱ卷完形填空语篇介绍了一位当代中国警察英勇无畏的事迹。这些试题素材承载着中华优秀文化，考生阅读试题素材的过程就是潜移默化地建构对中华优秀文化的理解与认同的过程，有助于培育考生的家国情怀，加强其对国家和民族的认同，达到立德树人的目的。

3. 指向立德树人的育人话题多样

《中国高考评价体系》指出，通过高考选拔的新生标准，不仅包括智育的要求，更包括德育、体育、美育、劳动教育的要求。[1] 2021年高考英语全国卷依托的话题很好地落实了“五育并举”的要求，并体现了深化引导“体、美、劳”教育的特点。例如，在关注体育运动、提高运动意识方面，全国甲卷阅读理解C篇选取了有关滑板运动而引发人生感悟的语篇，全国乙卷阅读理解A篇选取了介绍世界知名体育场馆的语篇；在对美育意识的渗透方面，全国甲卷阅读理解A篇介绍了英国每年一度的风景摄影比赛及两位摄影师参赛作品的内容，全国乙卷阅读理解C篇介绍了用废弃塑料制作雕塑的艺术家；在培养劳动观念、宣扬劳动精神方面，全国乙卷短文改错部分选取了有关勤做家务有益处的语篇，新高考Ⅰ卷完形填空题介绍了主人公第一次暑期打工的经历，新高考Ⅱ卷作文选取了以在母亲节当天为母亲做早饭为主题的语篇。上述语篇承载的话题有力地回应了高考英语对学生“德智体美劳”全面发展的引导。

（二）任务情境为立德树人提供中介桥梁

在语言测试中，任务情境是“任务”和“情境”的有机耦合，是试题任务本身的设计所创设的具体语言运用情境，即“在呈现情境时一定要提出问题或要求学生完成相应的任务”。[5] 换言之，任务情境是“情境”与或隐含，或明示的“问题”要素及明确规定的“任务”要素融为一体的产物。[6] 在2021年的高考英语中，任务情境的设计体现了英语学科内容与具体问题情境的有机融合，是考生运用英语学科内容完成任务或解决问题的背景与依托，是联通指向立德树人路径的中介桥梁。

例如，全国甲卷和乙卷短文改错题的任务情境是“老师要求同桌之间交换作文，请你修改你同桌写的作文”。这一设计贴近考生英语课堂学习生活的经历，充分考虑考生的现实生活经验，使考生能够结合亲身经历或体验来答题。任务情境的真实性有利于考生在问题情境下充分发挥综合语言运用能力，考生在作答过程中的学科能力表现是在任务情境的刺激下自然发生的，立德树人的渗透也是以润物细无声的方式进行的。全国乙卷书面表达题设置了以“成为聪明的线上学习者（Be Smart Online Learners）”为题写一篇发言稿，参加学校英语演讲比赛的任务情境，其任务设计更加开放、灵活，交际情境也较为熟悉、真实，既突出了对考生语言能力的考查，又观照了对学生思维品质和文化意识的考查，特别是“聪明（smart）”一词更是体现了试题对考生价值取向的正向引导。

（三）试题形式为立德树人提供考查载体

试题形式主要是指选择什么样的方式去考查，即根据测试目的和考查内容命制试题时选择什么样的试题类型，主要可以分为客观选择题、封闭式问答题与开放式问答题。[6] 就高考英语而言，由于受到诸多因素的限制，长期以来客观选择题的权重一直在高考英语中占据主导地位。2020 年 10 月，中共中央、国务院在印发的《深化新时代教育评价改革总体方案》中指出："改变相对固化的试题形式，增强试题开放性，减少死记硬背和'机械刷题'现象。"其政策背景是高考命题改革对建构立德树人体制、机制这一宏大目标的具体回应。2021 年高考英语全国卷在前期试点改革经验的基础上，果断应用近年来高考改革沉淀的成果，对试题形式进行变革，切实推动试题形式最大限度地契合考查立德树人的目的。

2021 年四套高考英语全国卷坚持"方向是核心，平稳是关键"的原则，在尊重全国课程改革进程不一的现状的基础上，逐渐减少机械记忆试题和客观性试题比例，相应提高探究性、开放性、综合性试题比例。例如，全国甲卷和乙卷客观选择题的分值权重下降到全卷的三分之二；新高考Ⅰ卷和Ⅱ卷的写作部分分为两个小节，特别是第二小节采用了"读后续写"的新题型，显著提升了开放性主观题在全卷中的分值比重，也更有利于体现探究性、开放性、综合性和主观性试题在立德树人取向的高考中发挥独到的优势。

二、指向立德树人的高中英语教学建议

上述分析指出，指向立德树人的高考英语命题核心关注点在命题素材的选取、任务情境的创设以及试题形式的调整三个方面。相对应地，从高考英语的反拨效应出发，指向立德树人的高中英语教学需要从以下三个方面着力。

（一）树立立德树人导向的教学核心价值观

早在 2002 年，华东师范大学叶澜教授就呼吁"重建课堂教学价值观"。之所以如此强调教学价值观，是因为它"关系到每个教师如何认识自己任教的本学科的具体价值"问题以及具有"真实的指导教师教学目标制定（订）和定向实践行为的作用"。[7] 从这个意义上讲，英语教师只有明确英语教学的核心价值观，才可能制订有灵魂、有价值取向的教学目标，让具体的教学实践紧紧围绕核心价值观这一"主心骨"。

在我国当前基础教育课程改革如火如荼开展的大背景下，英语学科协同其他学科，应牢固树立立德树人导向的教学核心价值观。详言之，如果将立德树人投射到英语学科上，英语教学的核心价值观就是以"立德树人"为顶

层设计理念，在深入认识英语学科本质观和学科育人观的基础上，持续发掘和拓展英语学科丰富的育人价值。

“所谓学科的育人价值，是指某个学科的课程内容除了使学生学习某些学科知识和发展学科技能之外，还要促进学生在心智能力、情感态度、思想品德、社会责任等方面的发展。”[8] 结合全国教育大会提出的“五育并举、全面发展”的要求，日常英语教学的学科育人价值的探寻可以学科德育和学科智育为重心，兼顾合理引导体育、美育及劳动教育，从微观实践的层面践行立德树人。

（二）依托语篇研读探究建构语篇的主题意义

《英语课标》提出，高中英语课程内容是由六要素构成的相互关联的有机整体。其中，主题语境要素具有统摄地位，如何依托语篇探究主题意义是英语教学的核心任务。“教师的语篇解读水平直接影响学生学习体验的程度、认知发展的维度、情感参与的深度和学习成效的高度。”[9] 由于语篇承载着语言知识和文化知识，传递着文化内涵、价值取向和思维方式，因此语篇研读是教师落实英语学科核心素养目标、创设指向立德树人的教学活动的重要前提。

高中英语教学亟须探究和实践的重要课题是如何建构语篇研读与主题意义探究的关系，以及开发出相应的教学实践案例。为此，高中英语的日常教学要重点关注语篇研读，对主题统摄下的语篇的意义与形式进行深层加工和意义建构，特别是聚焦对语篇的主题、内容、文体结构、语言特点、作者观点等方面的解读。在此基础上，注重探究语篇创设的主题语境与立德树人内涵间的内在关联，让主题意义探究的过程成为引领学生语言能力、文化意识、思维品质和学习能力融合发展的过程，成为立德树人以春风化雨、潜移默化方式发生的过程。

（三）创设任务情境实践英语学习活动观

2021 年高考英语试卷在任务情境方面的设计，在一定程度上可视为倒逼一线英语教师在教学中加强对《英语课标》提出的“学习活动观”的学习与实践。英语学习活动观明确了活动是英语学习的基本形式，英语学习活动的设计以英语学科核心素养的发展为目标，围绕主题语境，通过学习理解、应用实践、迁移创新等层层递进的语言、思维、文化相融合的活动，引导学生探究主题意义。[4] 需要强调的是，英语学习活动观中的“活动”需要依托任务情境，即活动的开展是在语言理解和运用的问题情境中，在分析问题和解决问题的过程中实现的。

“英语学科核心素养的关键点是在问题情境中分析问题和解决问题的能

力"[10]，照此逻辑，英语教学中的立德树人导向要发挥预期效力，就必须为学生创设问题情境，设计运用英语分析问题和解决问题的真实任务。在英语学习活动观的指导下，让学生体验在任务情境的刺激下调用正确的价值观念、关键能力和必备品格实现问题解决。如此，才能促进其深度学习的发生，才能让立德树人由抽象的号召变成具体的落实。

（四）基于学生表现实施"教—学—评一体化"

立德树人导向的高考命题客观上要求改变固化的试题形式，增加试题的探究性、开放性和综合性，这有助于打破学生和老师对固化试题形式的盲目关注和过度练习。相应地，高中英语的日常教学必须扭转为考而教、不考不教、以考代教的不良倾向，以及肆意夸大考试的功能和作用，将评价窄化为测试的做法。理性的做法是，开展英语课堂"教—学—评一体化"评价建设，充分发挥评价服务教学、反馈教学、促进教学的作用，实现评价为教和学服务的目的。

基于学生表现推动和实施"教—学—评一体化"，能够打破长期以来教学与评价二元对立的壁垒，弥合二者之间难以有机融合的隔阂。[11]此外，在英语课堂上实践立德树人为导向的教学核心价值观，离不开"教—学—评一体化"的深度实施。如果高中英语教学活动能够在教、学、评三个方面都把立德树人作为教学设计与实施的逻辑起点和原始初心，学生的英语学科核心素养得以充分培育和发展，那么学生在英语学科的高考中自然可以从容自信地应对。

参考文献：

[1] 教育部考试中心. 中国高考评价体系 [M]. 北京：人民教育出版社，2019.

[2] 教育部考试中心. 中国高考评价体系说明 [M]. 北京：人民教育出版社，2019.

[3] 黄俊兴. 高考命题落实立德树人价值引领的现实意义和实现路径 [J]. 福建师范大学学报（哲学社会科学版），2021（1）：160-167，172.

[4] 中华人民共和国教育部. 普通高中英语课程标准（2017 年版 2020 年修订）[S]. 北京：人民教育出版社，2020.

[5] 吴成军. 任务情境在考查生物学学科核心素养中的作用 [J]. 基础教育课程，2020（Z2）：83-93.

[6] 叶丽新. "情境"的理解维度与"情景化试题"的设计框架——以语文学科为例 [J]. 课程·教材·教法，2019，39（5）：107-113.

[7] 叶澜. 重建课堂教学价值观 [J]. 教育研究，2002（5）：3-7，16.

[8] 程晓堂，赵思奇．英语学科核心素养的实质内涵[J]．课程·教材·教法，2016，36(5)：79-86.
[9] 王蔷，钱小芳，周敏．英语教学中语篇研读的意义与方法[J]．外语教育研究前沿，2019，2(2)：40-47，92.
[10] 程晓堂．基于问题情境的英语考试命题理念与技术[J]．中国考试，2018(12)：1-8.
[11] 王蔷，李亮．推动核心素养背景下英语课堂教—学—评一体化：意义、理论与方法[J]．课程·教材·教法，2019，39(5)：114-120.

立意·情境·思维：语言能力考查的三个基点

——2022年全国英语新高考Ⅰ卷评析

范纯乐[①] 葛炳芳[②]

《普通高中英语课程标准（2017年版2020年修订）》（以下简称“《课标》”）指出：“普通高中英语课程的总目标是全面贯彻党的教育方针，培育和践行社会主义核心价值观，落实立德树人根本任务，在义务教育的基础上，进一步促进学生英语学科核心素养的发展，培养具有中国情怀、国际视野和跨文化沟通能力的社会主义建设者和接班人。”[1]《中国高考评价体系》（以下简称“《评价体系》”）也指出，高考各学科的关键能力和必备知识是基于学科核心素养导向确定的。2019年，教育部明确提出要立足全面发展育人目标，构建包括“核心价值、学科素养、关键能力、必备知识”在内的“高考考查内容体系”。[2] 指向学科核心素养的高考试题命制有什么特点？本文以2022年全国英语新高考Ⅰ卷（以下简称“2022年英语Ⅰ卷”）为例，以学科核心素养为导向，从试卷立意、情境创设和思维层次这三个语言能力考查的基点出发，试论考试对教学的指导作用和育人功能。

一、英语试卷命制的三个基点

（一）试卷立意

英语试卷的立意，是通过其选材和试题设置来体现的。教育部教育考试院命题专家表示，2022年高考英语试卷，旨在“落实立德树人根本任务，发挥学科育人功能；着重考查学科关键能力，助力教学减量提质；服务‘双减’落地生根，引导减少‘死记硬背’”[3]。这样的立意不仅回应了高考的“指挥棒效应”，更强调了其育人功能。

2022年英语Ⅰ卷试题依托“人与自然”“人与社会”“人与自我”三大主题语境，“倡导关注文本的教育意义，测试学生的语言和思维能力”[4]。试题

---

① 范纯乐，浙江省龙泉市第一中学。

② 葛炳芳，浙江省教育厅教研室。

取材广泛、体裁多样。笔试由阅读理解、语言运用和写作三部分组成。其中，阅读理解部分由阅读理解和“七选五”两节组成，语言运用部分包括完形填空和语法填空，写作部分由应用文写作和读后续写两节组成。语料的话题内容涵盖国内外，旨在引导学生树立文化自信，尊重和接纳国外优秀文化，树立全局观。试题从“五育并举”的多视角选材，指向明确，语篇话题深远，体现了较高的立意。

阅读理解的文本体裁包括应用文、说明文和新闻语篇。A 篇为应用文，属于“人与自我”和“人与社会”主题。文本提供了文学课程的打分办法及成绩组成等资讯，这样的话题与学生的学习生活密切相关，创设了学生熟悉的学习生活情境，能够引起学生的阅读兴趣。B 篇为说明文，属于“人与社会”主题。在这一语篇中，作者通过自己的一次经历引出文本话题——食物浪费问题，并对此展开讨论，说明食物浪费的严重性并给出建议，意在引导学生意识到日常生活中的食物浪费现象，树立珍惜食物、减少浪费的正确价值观。C 篇为新闻语篇，属于“人与社会”主题。文本主要介绍伦敦的一家慈善机构通过组织养老院的老人养鸡，关怀老人，减少老人孤独感的故事。这一话题体现了关爱老人的传统美德，倡导友好互助、彼此关爱的和谐人际关系。D 篇为说明文，属于“人与社会”主题。文本介绍了一项饮食与语言相关性的研究，最后得出“人类语言的发展受到生物变化和文化演变的共同影响”的结论，旨在引导学生了解语言发展的相关知识，培养学生的科学探究精神。

具体而言，阅读理解部分的第二节“七选五”题是一则说明文，主要介绍如何找到一个合适的健身搭档，旨在引导学生增强运动意识，保持身心健康。完形填空是一则夹叙夹议的文本，作者回忆了与丈夫、孩子在过去十年的两次露营经历，虽然在这过程中遇到了惊险的事，但作者和丈夫都认为露营带给他们快乐。该话题贴近学生日常生活，可以引起学生的情感共鸣，培养学生面对困难和挑战的勇气。语法填空是一则说明文，主要对大熊猫国家公园的成立、目的及其意义进行了介绍。这一语篇除了考查学生的语法和句法知识外，还着眼于提升学生的动物保护意识。应用文写作部分要求写一封邮件，邀请外教做一次访谈。该话题比较新颖，试题情境使内容更加开放，可以较好地引导学生创造性地表达自己的观点。读后续写部分讲述了一个从小患有脑部疾病的孩子排除万难，最终成功参加越野跑的故事，传递了勇于挑战、突破自我的精神。

上述语篇通过国内外优秀文化的自然融入，问题与情境的相互渗透，“体现了以语篇为依托，以素养为立意，重视学生思维的运用与发展的特点”[4]。

（二）试题情境

试题情境创设得优良与否，直接关乎素养立意下的考查目的能否实现。2022 年英语 I 卷在阅读、语言运用和写作等各个部分，根据素材创设了丰富的生活情境。这些情境源于生活，语言地道，既能考查学生对语言知识、技能的掌握程度，也能考查学生在情境中解决问题的能力与创造力。

以写作试题为例。写作试题通过设置贴近真实生活的英语交际情境，使试题更具综合性、开放性和灵活性。应用文设置的情境是以校广播站英语节目“Talk and Talk”负责人的身份给外教写一封邮件，邀请她做一次访谈。在此情境下，考生需考虑的不仅是语言知识问题，还需考虑作为情境中的角色所必须解决的实际问题。如文本的表达要适合邀请对象即外教的文化背景，既要考虑文化差异，还要考虑到作为陌生人的初次交流及其访谈目的，邮件中的自我介绍——校广播站英语节目“Talk and Talk”负责人李华，以及邀请类应用文的主要“构件”——节目介绍、访谈时间和访谈话题等，缺一不可。

读后续写设置的情境是一名患有脑部疾病的残疾学生 David 坚持参加越野跑的故事。原文材料为叙事性文本，故事以第一人称视角进行叙述，故事与学生的生活贴近，但传达的精神又高于生活。全文结构清晰，情节环环相扣，衔接流畅。文本有两条脉络线，明线围绕 David 参加越野跑展开，“我”寻找（期待看到他准备比赛）——发现并走向他（疑惑他为什么不准备）——寻找教练询问原因（理解）——再次寻找 David，看到他向“我”走来（回忆 David 的经历）——“我”了解 David，所以“我”鼓励 David 鼓起勇气面对挑战——David 参加比赛——比赛遇到困难，但是他没有放弃——完成比赛，获得称赞——年末获奖。暗线是“突破自我，树立自信和勇于坚持”，David 的残疾使得他对自己存在怀疑，从而在参加与不参加比赛之间犹豫不决，这是一个不断变化、不断提升的过程。续写两段文字的设计，也为学生提供了情境以及灵活的写作形式和开放的写作内容，使得试题在考查学生语言表达能力的同时，也真实地考查了学生的创造能力，引导学生对文本信息的表象内容进行梳理和概括，从考生自己独特的视角推理、评价、判断故事的发展走向和人物冲突的解决，创造性地表达自己的观点和想法。

上述写作题例以情境为引子，以问题解决能力、创造力等为考查目的，充分展现了素养立意下的情境创设在试题中的作用，也为教师的日常教学评价提供了良好的范式。

（三）思维层次

《课标》要求英语学业水平考试和英语高考的命题“要通过语言材料的选择、考查重点的设置、考试项目和考试形式的设计等，直接或间接地考查学生的文化意识、思维品质和学习能力。比如，在阅读理解部分，可以适当选择涉及文化背景和文化差异、情感态度和价值观的语篇，试题的设计可以引导学生对其中的文化差异进行理解和判断，对语篇反映的情感态度和价值观进行分析和阐释”[1]。《课标》在英语学科核心素养水平的划分中，对于语言能力的二级、三级水平都有“认识语言与世界、语言与文化和思维之间的紧密联系”的要求，并对阅读理解能力进行了细分，[1] 这与高考英语将阅读理解能力分为六项能力中的要求[2] 是相吻合的。

大部分研究者在分析高考英语试题时一般将理解具体信息、推断单词和短语的含义的能力归为低阶思维能力；将判断和推理，理解文章结构、作者观点和主旨要义的能力归为高阶思维能力。[5] 通过对 2022 年英语 Ⅰ 卷阅读试题的分析，我们不难看出，无论是低阶思维能力还是高阶思维能力，皆在该试卷的考查范围之内（表 1）。

表 1　高低阶思维在 2022 年英语 Ⅰ 卷中的考查体现

思维能力	语言能力素养级别（二级）	阅读能力（二级）	Ⅰ 卷题号	对应布鲁姆教育目标分类
低阶思维	较为熟练地整合性运用已有的英语语言知识，理解多模态语篇传递的要义和具体信息	理解文中具体信息	22、23、25、26、33	领会
		根据上下文推断单词和短语的含义	30	领会
高阶思维	厘清主要观点和事实之间的逻辑关系，了解语篇恰当表意所采取的手段	做出判断和推理	24、27、28、29、32、35	分析
	分析语篇的组织结构、文体特征和语篇的连贯性	理解文章的基本结构	/	分析
	推断作者的意图、情感、态度和价值取向	理解作者的意图、观点和态度	/	分析、评价
	提炼主题意义	理解主旨要义	21、34	分析、评价

注：本表分析框架参考自《高考英语阅读理解考查核心素养探析——基于 2019 和 2020 年高考英语全国卷试题评析》。[5]

从表 1 可以看出，2022 年英语 Ⅰ 卷对学生的推理判断能力和细节理解能力的考查尤为重视，如侧重对理解文中具体信息进行考查的第 22、23、25、

26、33 小题，以及需做出判断和推理的第 24、27、28、29、32、35 小题，分别从领会和分析两个方面指向学生的低阶与高阶思维能力。考查学生是否能够理解主旨要义的第 21、34 小题，以及根据上下文推断单词和短语的含义的第 30 小题则是从领会、分析和评价三个方面指向学生的思维能力。从思维的角度来看，该试卷欠缺之处是未对理解文章基本结构和理解作者的意图、观点、态度进行考查。据付文晓等人对 2009 年至 2018 年共 19 套高考英语（全国卷）的统计，“从整体上讲，高层次思维能力考点与低层次思维能力考点均有所涉及，但高层次思维能力考点数量比低层次思维能力考点数量稍高，有利于对考生高层次思维能力的考查”[6]。显然，从 2022 年英语Ⅰ卷的试题分布来看，我们的试卷朝着高阶思维能力的考查更进了一步。

二、对中学英语教学的启示

考试命题所选取的素材承载着信息和文化，立德树人的立意通过文本内容转化呈现。高考英语试题紧紧围绕“人与自然”“人与社会”和“人与自我”三大主题语境进行选材，并通过选取不同主题、题材和体裁多样的文章体现考试对教学的引导作用和育人功能。

（一）语言通过情境起作用

语言学习的核心是基于丰富语料的知识获取与能力提升。例如，在词汇学习中，要强调在特定的、现实的语境里接受、掌握词汇，并注意常用词的实际应用。在语法教学中，教师要引导学生注意常用句型及其适用场景、语境和语题，以真正了解什么功能、什么话题应用什么句式。理解和运用语言的能力，在情境，即情景与语境中得以考查。近年高考写作考查，并不刻意在“邮件”“通知”这些文体上下功夫，而是从交际双方的角色、交际任务真实性的角度设置考查任务，如参观、邀请、组织班级活动、开展中外宣传周活动或互访安排等。在阅读理解、完形填空中，也有一些提问需要考生“角色代入”地去理解。因此，在教学中，我们需要注重以英语学科要培养的学生核心素养为目标，创设教学情境，引导学生学会在不同的语境中理解语篇所表达的主题意义，灵活运用所学语言知识，提高英语语言综合运用能力，从而达到教师在情境中教，学生在情境中学以致用的效果。在日常教学中要重视语境、修辞和运用，强化语感培养，更要重点提高学生对语篇语义的概括能力、对语篇框架结构的逻辑分析能力以及对逻辑用语的把握能力。即使是在复习过程中，我们也要关注依托情境在语言运用中体验语言重构的过程，重视语言形式、语言意义、语言思维之间的平衡。

（二）思维总以内容为表征

问题解决、理解材料的内容需要调动学生的思维。英语学习本质上是一个输入与输出的过程。输入即读、听、看；输出即理解与表达，如说、写、做等。输入与输出均以内容为对象。教师应当改变学生以往重语法、轻意义，重语句、轻语篇的学习策略和习惯，引导学生形成语篇意识，学会从主题、主题意义的视角，解读文本的具体内容。在英语阅读教学中要重视文本的精细阅读，强调对语篇细节的理解、归纳和整合，并引导学生根据已有信息进行逻辑推理判断，从而提升思维能力。近几年的高考英语试卷在考查学生阅读理解能力的同时，不断加强对高阶思维能力的考查。如前所述，试卷中阅读题设置推理判断题、主旨大意题等高阶思维能力的试题题量呈上升趋势。这些试题要求考生运用批判性思维和辩证思维深入思考文章主题，对语篇内容进行逻辑推理。读后续写题型则要求学生在读懂所给故事的基础上，依据自身阅历、常识和逻辑推理能力发挥想象力，续写事件。教育部所命试卷中，续写涉及的考查思路多为“问题解决型”。考生要读懂所给文本和两个首句，从中分析出需要解决的问题（一个或者两个）及已知的相关因素，再进行写作。因此，中学英语教学应该继续关注语篇，拓展阅读空间，深入解读文本，加强美文诵读，在重视提高阅读理解能力的同时，强调要以培养逻辑思维为基础，以培养批判性思维为核心，关注高阶思维能力的培养。

（三）立意强化育人之功能

育人是英语学科理应承担的天然使命。语篇教学中除注重语言知识的教授和学习外，还要利用语篇引导学生感受其中的优秀文化和精神，坚定理想信念，培养优秀品格，学会做人做事，最终实现英语教学立德树人的目标。

近几年来，高考试卷一直在朝着这一方向努力，如多次考查过的“助人于危难之中”主题的语料，旨在传递人类共有的高尚品质。英语高考试卷强化其对育人的反拨作用，要求我们在日常教学中要重视语料选择的价值导向和立意。在日常的英语教学中，教师要让学生尽可能多地阅读中西方英文经典美文和名著（以简写本为主），不仅仅因为语言学习需要大量阅读，也因为这是培养“融通中西”人才的需要——了解中西文化。另外，在教材使用的过程中，要充分注意“听、说、读、写、看”语料中的文化负载词（culturally-loaded words）的学习积累，如 chicken soup、afternoon tea、Kungfu、the Spring Festival、lucky money、dragon 等，对文本理解或中外交流会产生很多影响。

本文从立意、情境、思维三个维度讨论了 2022 年英语 I 卷中语言能力考查的三个基点。无论哪种题型，试卷命制中的语篇都是最核心的要件。语篇的内容决定了立意，决定了可创设的试题情境，决定了可考查的思维层次。高中英语教师在日常的教学实践中，需要格外关注用于日常教学和测评的语料，使之为育人服务，并通过语料所承载的文化意义，设置恰当的情境，开展多层次、多维度的理解性和表达性的学习活动，发展学生的语言能力，提升其思维水平。

参考文献：

[1] 中华人民共和国教育部 . 普通高中英语课程标准（2017 年版 2020 年修订）[S]. 北京：人民教育出版社，2020.

[2] 教育部考试中心 . 中国高考评价体系 [M]. 北京：人民教育出版社，2019.

[3] 高众 . 考查关键能力　发挥育人功能——教育部教育考试院命题专家解析 2022 年高考英语试题 [N]. 中国教育报，2022-06-09（第 2 版）.

[4] 葛炳芳 . 指向思维的教学反拨——对 2018 年 6 月高考英语浙江卷阅读题型的思考 [J]. 基础教育课程，2018（Z2）：26-29.

[5] 乔辉 . 高考英语阅读理解考查核心素养探析——基于 2019 和 2020 年高考英语全国卷试题评析 [J]. 中小学外语教学（中学篇），2021，44（4）：27-32.

[6] 付文晓，钱旭升，王海雨 . 2009—2018 年全国高考英语阅读理解试题中思维能力层次的历时研究 [J]. 基础外语教育，2019，21（1）：97-106，111-112.